中国金融四十人论坛

CHINA FINANCE 40 FORUM

致力于夯实中国金融学术基础，探究金融领域前沿课题，
引领金融理念突破与创新，推动中国金融改革与发展。

中国金融四十人论坛书系
CHINA FINANCE 40 FORUM BOOKS

中国智能金融发展报告 2019

China Intelligent Finance Development Report 2019

肖钢 等 ◎ 编著

中国金融出版社

责任编辑：张　铁
责任校对：潘　洁
责任印制：张也男

图书在版编目（CIP）数据

中国智能金融发展报告．2019/肖钢等编著．—北京：中国金融出版社，2020.7
（中国金融四十人论坛书系）
ISBN 978-7-5220-0643-7

Ⅰ．①中…　Ⅱ．①肖…　Ⅲ．①智能技术—应用—金融业—研究报告—中国—2019　Ⅳ．①F832-39

中国版本图书馆 CIP 数据核字（2020）第 095565 号

中国智能金融发展报告．2019
ZHONGGUO ZHINENG JINRONG FAZHAN BAOGAO. 2019
出版
发行　中国金融出版社
社址　北京市丰台区益泽路 2 号
市场开发部　（010）66024766，63805472，63439533（传真）
网 上 书 店　http://www.chinafph.com
　　　　　　（010）66024766，63372837（传真）
读者服务部　（010）66070833，62568380
邮编　100071
经销　新华书店
印刷　北京市松源印刷有限公司
尺寸　170 毫米×230 毫米
印张　11.5
字数　150 千
版次　2020 年 7 月第 1 版
印次　2020 年 7 月第 1 次印刷
定价　50.00 元
ISBN 978-7-5220-0643-7

中国金融四十人论坛书系
CHINA FINANCE 40 FORUM BOOKS

“中国金融四十人论坛书系”专注于宏观经济和金融领域，着力金融政策研究，力图引领金融理念突破与创新，打造高端、权威、兼具学术品质与政策价值的智库书系品牌。

中国金融四十人论坛是中国最具影响力的非官方、非营利性金融专业智库平台，专注于经济金融领域的政策研究与交流。论坛正式成员由40位40岁上下的金融精锐组成。论坛致力于以前瞻视野和探索精神，夯实中国金融学术基础，研究金融领域前沿课题，推动中国金融业改革与发展。

自2009年以来，“中国金融四十人论坛书系”及旗下“新金融书系”“浦山书系”已出版100余本专著。凭借深入、严谨、前沿的研究成果，该书系已经在金融业内积累了良好口碑，并形成了广泛的影响力。

中国金融四十人论坛
《中国智能金融发展报告2019》课题组*

课题组组长 肖　钢

编辑组成员 邵　宇　石锦建　罗荣亚　张佳佳

写 作 人 员 （按姓氏笔画排列）

于泉杰　王　安　王　敏　王如一　王思遥
尹优平　邓智毅　田　慧　史　荣　乐剑平
边　江　毕　伟　曲本盛　朱太辉　刘　刚
刘　波　刘炜清　刘亭杉　刘铁岩　刘海涛
刘硕凌　李　鸣　李宏宇　李金龙　李修全
李晓林　杨　涛　杨　强　吴海山　邱　寒
何亚枫　汪天都　张伟娜　张俊芳　陆颂华
范力欣　周柚池　孟　丹　孟凯祥　姜　波
祝　青　祝修业　姚江涛　袁伟斌　郭为民
黄冰华　程　勇　谢　军　鲍　捷　谭则涛
樊昳昳

* 本课题组成员以个人名义参与此项研究，所表达观点不代表所在机构观点。

序　言

习近平总书记强调指出："人工智能是新一轮科技革命和产业变革的重要驱动力量，加快发展新一代人工智能是事关我国能否抓住新一轮科技革命和产业变革机遇的战略问题。"人工智能、大数据、量子信息、生物技术等新一轮科技革命和产业变革正在积聚力量，催生大量新产业、新业态、新模式，给全球发展和人类生产生活带来翻天覆地的变化。

2017 年国务院印发的《新一代人工智能发展规划》明确提出发展智能金融，建立金融大数据系统，提升金融多媒体数据处理与理解能力。创新智能金融产品和服务，发展金融新业态。鼓励金融行业应用智能客服、智能监控等技术和装备。建立金融风险智能预警与防控系统。

金融发展史是一部科技进步、不断变革的创新史。从 20 世纪 60 年代的自动柜员机（ATM）到 80 年代的电子支付，再到 90 年代的网上支付、移动银行，2000 年以来的互联网金融以及 2008 年以后的金融科技，技术创新与进步引领和驱动金融业变革。金融与科技相互融合，创造出新的业务模式、应用、流程和产品，催生出新的客户与伙伴关系，对金融机构、金融市场、金融服务产生了深刻影响。从金融科技发展的历史阶段来划分，大体分为电子化、数字化、智能化三个阶段。在电子化时代，金融机构利用信息技术实现业务电子化、自动化；在数字化时代，创新金融产品与流程，改变服务方式；在智能化时代，金融机构运用人工智能技术用机器模拟人的体力劳动和脑力劳动，特别是脑力劳动，对金融服务实施决策与控制。需要指出的是，人工智能固然要高度依赖大数据与云计算，但是与数据深度挖掘运用不同，这个技术系统是用传感器来模仿人类感官获取信息与记忆，用深度学习和算法来模仿人类逻辑和推理能力，用机器代替人脑对海量数据快速处理，从而大大超越人脑的工作。

智能金融是指人工智能技术与金融业深度融合的新业态，是用机器替代和超越人类部分经营管理经验与能力的金融模式变革。智能金融是金融科技发展的高级形态，是在数字化基础上的升级与转型，代表着未来发展趋势，已成为金融业的核心竞争力。

我们之所以把智能金融从金融科技中单列出来编制专门的发展报告，主要是基于以下考虑：

一方面，发展人工智能技术已成为我国的一项重要战略，主要分三步走：第一步，到 2020 年我国人工智能总体技术和应用与世界先进水平同步，成为新的重要经济增长点；第二步，到 2025 年我国人工智能基础理论实现重大突破，部分技术与应用达到世界领先水平，成为带动我国产业升级和经济转型的主要动力；第三步，到 2030 年我国人工智能理论、技术与应用总体达到世界领先水平，智能经济、智能社会取得明显成效。当前各国在新一代人工智能技术领域已展开激烈竞争，根据联合国人工智能和机器人中心的数据，在联合国成员国中，有 30 个国家制定了人工智能技术发展的国家战略。技术的竞争最终要体现在运用技术的产业竞争。据普华永道会计师事务所预测，到 2030 年全球人工智能市场规模将达到 16 万亿美元。

金融与人工智能具有天然的耦合性，是人工智能技术应用最重要的领域之一，发展智能金融有利于我国抢抓人工智能发展机遇，占领技术制高点，特别是金融业的特殊性，势必对人工智能技术提出新的要求和挑战，可以推动我国人工智能技术的突破与升级，提高技术转化效率。

另一方面，人工智能技术综合运用金融科技的大数据、云计算、区块链等技术，为未来金融业发展提供无限可能，是对现有金融科技应用的进化与升级，对金融业发展将会产生颠覆性变革。专门研究智能金融有利于跟踪世界人工智能技术与金融业融合的应用开发，有利于加强金融行业的适应性、竞争力和普惠性，极大地提高金融机构识别和防控风险的能力和效率，推动我国金融供给侧结构性改革，增强金融服务实体经济和人民生活的能力，守住不发生系统性风险的底线，加快建设我国现代化金融体系，增强金融国际竞争力，助力由金融大国到金融强国的转变。

相比互联网金融、金融科技，智能金融更具革命性的优势在于对金融生产效率的根本颠覆。智能金融替代甚至超越人类行为和智力，更精准高效地满足各类金融需求，推动我国金融行业变革与跨越式发展。

本报告共分为六个部分和一个附录。第一部分技术篇，主要介绍人工智能技术发展及与金融业融合的技术问题。第二部分应用篇，按照金融机构业务流程的前台、中台、后台三大模块及其相应的场景，介绍我国智能金融实际应用状况，提供鲜活的案例。第三部分专题篇，主要围绕近年来智能金融发展中的标准体系、治理原则与伦理问题、金融数据的专有云建设及共享技术等热点难点问题，展开分析和讨论。第四部分监管篇，着重探讨了智能金融带来的风险及对金融监管提出的新挑战、新要求，以及如何加强数据隐私保护、消费者和投资者合法权益保护等问题。第五部分国际篇，主要介绍国外人工智能技术与金融行业融合的基本情况，研究国外经验对我国发展智能金融的借鉴意义。第六部分建议篇，将分散在以上各篇、各专题中的政策建议集中进行表述，也是本报告研究成果的一个体现，以便供有关部门和方面研究制定政策措施时参考。

本报告试图努力把握好全面性、针对性与连续性之间的关系，既要介绍智能金融发展概况，又要突出重点，抓住热点难点问题，同时随着实践发展，还要持续跟踪研究。因此报告内容力求适应多方面读者需求，可以为金融从业人员、人工智能技术研发人员、有兴趣了解研究这个课题的专家学者和政府监管部门人员提供实际参考资料。

由于智能金融是一个新的课题，我们的时间与能力水平有限，报告中存在这样那样的问题与不足在所难免，敬请读者予以批评指正。我们将继续努力，深入研究，力争不断取得新的进步。衷心感谢社会各界的关心与支持！

中国金融四十人论坛

《中国智能金融发展报告 2019》课题组

2019 年 12 月 22 日于青岛

目　录

第一部分　技术篇

一、人工智能技术发展趋势

1956年在美国达特茅斯学院召开了人工智能夏季研讨会，将人工智能正式确立为一个学科。回顾人工智能六十多年的发展历程，大体上分为三个阶段。

第一阶段是基于符号逻辑的推理证明阶段。主要从1956年到1973年。逻辑计算或启发式程序是当时的主要技术，主要解决代数应用题求解、几何定理证明和机器翻译等问题。1958年就证明了《数学原理》中一阶逻辑的全部定理，并证明了“四色猜想”问题。然而，当时的人工智能研究者对问题的难度未能做出正确判断，当时的理论难以支撑对更复杂问题的求解，到20世纪70年代初期人工智能的进一步发展遇到了基础性瓶颈，各国政府对人工智能的资助就逐渐缩减或取消了。

第二阶段是基于人工规则的知识工程阶段。主要从1974年到1993年。基于人工规则的知识处理和辅助决策成为这一阶段人工智能研究的焦点。专家系统技术在这一时期得到飞速发展，许多知名的专家系统与知识工程在全世界得到迅速发展与应用。但由于人工规则表达知识的方式可获取的数据较少，难以捕捉专家的隐性知识，加之高额的知识更新和系统维护成本，导致该技术难以大规模推广。1981年日本投资8.5亿美元研发第五代计算机项目，其目标是建立知识信息处理的新型计算体体系结构，因缺乏当前语义网和知识图谱等大数据技术的支撑，于1992年以失败告终，这成为人工智能研究进入第二次寒冬的重要标志。

第三阶段是大数据驱动的机器学习阶段。人工智能第二次起落后，几个子领域尝试不同的技术路线各自向前持续探索。1997年，深蓝成为战胜国际象棋世界冠军卡斯帕罗夫的第一个计算机系统。2010年后大数据快速发展，以及2006年深度神经网络学习技术的突破，共同促成新一轮人工智能高潮的到来。基于大数据的深度学习模型和算法得到大量采用，在机器翻译、智能问答、博弈等领域取得了巨大成功，并很快在产业应用中得到认可。2015 年斯坦福大学举办的图像识别挑战赛中人工智能系统的准确率达到 96%，首次超越人类水平；2016 年，谷歌开发的围棋机器人 AlphaGo 在五番棋比赛中战胜了韩国围棋国际冠军李世石九段，该事件推动人工智能发展进入大数据驱动的新阶段。

在基础理论突破、信息环境支撑、产业需求拉动的共同作用下，当前人工智能正进入加速突破、广泛应用的新阶段，表现为以下几方面特征与趋势：

1. 大数据 + 深度学习的主流智能计算范式已经形成

2000 年之后成熟起来的三大技术成就了人工智能的新一轮发展高潮，包括以深度学习为代表的新一代机器学习模型，GPU、云计算等高性能并行计算技术应用于智能计算，以及大数据的进一步成熟，以上三大技术构建起支撑新一轮人工智能高速发展的重要基础。DARPA（美国国防部高级研究计划局）认为，人工智能发展将经历三个波次，第一波次是人工智能发展初期的基于规则的时代，专家会基于自己掌握的知识设计算法和软件，这些人工智能系统通常是基于明确而又符合逻辑的规则。在第二波次人工智能系统中，人们不再直接教授人工智能系统规则和知识。而是通过开发特定类型问题的机器学习模型，基于海量数据形成智能获取能力，深度学习是其典型代表。在这种技术路线下，获得高质量的大数据和高性能的计算能力成为算法成功的关键要素。业界普遍认为，最近的五到十年里，人工智能仍会基于大数据来运行，并形成巨大的产业红利。在第三波次的人工智能发展中，人工智能技术的开发和应用将围绕语境生成和解释模型，这个模型将使未来的新系统具有获取新知识的能力。

2. 人工智能总体发展水平仍处于起步阶段

尽管人工智能已经取得了重大进展，但总体发展水平仍处于起步阶段。人工智能的近期进展主要集中在专用智能领域，这种智能任务单一、应用背景需求明确、领域知识积累深厚、建模计算简单可行，因此更容易实现单点突破，在局部智能水平的单项测试中可以超越人类智能。然而即使是专用人工智能，也还处在从“不能用”到“可以用”的技术拐点，距离“很好用”还存在数据、能耗、泛化、可解释性、可靠性、安全性等诸多瓶颈，深层次发展急需变革性技术途径。现在基于现有的深度学习＋大数据的方法，离最终实现强人工智能还有相当的距离，下一步可能需要借鉴人脑高级认知机理，突破深度学习方法，形成能力更强大的知识表示、学习、记忆、推理模型。随着算法智能与受脑启发的类脑智能的发展，人工智能在小数据学习、不确定性推理、知识与数据混合建模等方面正在不断取得局部性进展，这些进展与应用背景明确、领域知识积累深厚的应用结合，就会不断在局部智能水平测试上超过人类。“知其然且知其所以然”的可解释性、通过认知博弈的自主进化智能、类脑功耗的神经形态芯片和硬件系统等已经成为研究重点。

3. 一批新的人工智能形态开始涌现

在移动互联网、物联网、大数据、超级计算、脑科学等新理论新技术以及经济社会发展强烈需求的共同驱动下，新型的机器学习方法，比如深度学习、深度强化学习、生成对抗学习、迁移学习和增量学习等新的方法层出不穷，人工智能研究正呈现出快速增长、百花齐放的态势。近几年全球人工智能领域论文产出急速增长，与人工智能相关的国际顶级学术会议规模超过了以往任何一个时期。大数据智能、跨媒体智能、自主无人系统、人机协同等成为新兴的研究方向。人工智能领域已经开始朝着构造能够与人类交流合作的方向发展，包括一些创造性的方法来开发交互式、可扩展的机器人教学方法。目前工业界人工智能主要以大数据智能和跨媒体智能为主，而在军事领域延伸扩展人类智能的群体智能、人机混合智能、自主智能系统等开始呈现。人类智能和人工智能各有所长、可以互补，融合多种智能模式的智能技术将在未来有广阔的应用前景。因此人机需要取长补短，人加机器的组合将是未来发展的主要方向。

4. 人工智能开始展现巨大经济社会潜力

技术的逐步成熟将人工智能正式从实验室推向产业化，将对大量行业领域形成颠覆性影响，产业发展空间广阔。围棋算法、语言识别、图像识别都在近年陆续达到或超过人类水平，智能搜索和推荐、语音识别、自动翻译、图像识别等技术进入产业化阶段。各类语音控制类家电产品和脸部识别应用在生活中已随处可见；无人驾驶技术难点不断突破，谷歌无人驾驶汽车已在公路上行驶了500多万英里，自动驾驶汽车已经得到美国、英国政府上路许可。不仅如此，人工智能辅助人类工作已经开始向高端岗位升级。德勤会计师事务所将人工智能引入会计、税务、审计等工作中，代替人类阅读合同和文件。随着深度学习技术的崛起和相关算法的不断成熟，智能产业快速发展。根据乌镇智库数据库统计，截至2018年底，全球共成立人工智能企业15916家，共发生了13331起投融资事件，投融资总额达784.8亿美元，2018年企业融资金额再创新高。从投资金额结构判断，近两年人工智能领域大额投资事件增多，表现出人工智能风险投资资金向头部公司逐步集中的迹象。

二、智能金融定义和意义

智能金融尚无统一定义。我们研究认为，智能金融是指人工智能技术与金融业深度融合的新业态，是用机器替代和超越人类部分经营管理经验与能力的金融模式变革。

智能金融与数字化转型、金融科技既有密切联系又有重要区别。智能金融的发展基础是金融机构数字化转型，数字化转型为智能金融的发展提供了基础设施的保障。一方面，通过“数据化”为“智能化”奠定大数据基础。金融机构作为数字化建设的行业先行者，多年来已积累了海量的金融应用数据。借助人工智能技术的迅猛发展，商业银行能够充分挖掘出数据资产的内在价值。金融机构通过进一步加强数字化战略，在业务流程重构领域通过对传统业务流程线上化、数字化，持续为上层应用提供丰富、多维度的数据服务。并基于各类智能金融产品，满足数字时代客户金融服务个性化需求。另一方面，通过业务流程中的智能金融产品使用过程，对用户数据反馈数字化积累，不断迭代和优化智能金融产品的算法模型，最终实现系统效能的提升和客户体验的优化。

智能金融是金融科技的一种高级形态，是在数字化基础上的升级与转型，代表着未来的发展趋势，已成为金融业的核心竞争力。一方面，金融机构作为金融科技的落地者和业务场景的提供者，应用智能金融为金融业务运营最后一公里提质增效，为客户服务进一步赋能、为风险管理更好地提供技术支持。另一方面，智能金融综合运用金融科技中的云计算、大数据和区块链等技术，将带动和促进金融科技全方位应用。

发展智能金融具有重要意义和积极作用。

一是有利于推动金融机构提高效率、降低成本，显著提升业绩。智能身份识别提高了认证效率。智能信贷大幅缩短审核时间。智能客服机器人降低了人力成本。精准营销降低获客成本，提高营销效率和业绩。智能理赔减少了查勘定损人员工作量。智能运营降低审核成本，大幅提高业务流程的处理效率。

二是有利于增强金融产品和服务的灵活性、适应性与普惠性。某保险公司在常规固定健康险基础上，为儿童增加防手足口病、白血病等儿童常见疾病的健康险，为老人专门定制了防癌险，该公司健康险近四年销售额增长超过 200 倍，覆盖人群超过 500 万人。为适应互联网的特点，金融机构利用智能信贷提供小额单次消费信贷，随借随还，平均每月借款几百元，服务客户人数超过 1 亿人。智能投顾将投顾门槛由 100 万元降低至接近于0，普通投资者也能享受到投资顾问服务。金融机构通过智能金融产品与服务的创新，让消费者获得了更好更广泛的金融服务。

三是有利于提高风险防控能力。金融机构利用智能风控技术做到事前风险预警、防止欺诈，保护用户资金安全，大幅降低机构与客户的信息不对称带来的风险损失；监管机构利用智能金融监管，可以大幅提高全面高效防范风险的能力。

四是有利于促进人工智能技术的发展。在人工智能与金融深度融合的过程中，金融行业的特殊性对技术提出了新的要求。近年来的实践中已有相关技术上的尝试和提高，智能金融的深入应用还将不断推动人工智能技术的突破与升级。

三、智能金融的技术挑战

随着近年来人工智能技术的飞速发展，金融领域也开始逐渐尝试利用人工智能技术来提升效率、降低成本。人工智能技术有许多细分类别，它们在其他行业应用较快，但在金融行业应用仍面临着许多挑战。

1. 搜索引擎、个性化推荐技术

随着金融服务从线下逐渐迁移到线上，互联网的搜索引擎业务等解决方案也逐渐在线上金融服务中使用。与互联网场景不同，金融服务的广告搜索和个性化推荐要满足更加复杂的规则约束。如推荐理财产品时，需根据不同客户的风险承受能力，推荐适当的产品。

2. 图像及视频的识别技术

该技术已经广泛应用于人脸识别、文字识别、自动驾驶、情绪识别、安防等场景中。但在金融领域中，基于计算机视觉的身份识别可能面临着被恶意攻击的风险，金融文档信息提取不能保障百分之百准确度，这与金融行业对数据和文档严格要求不适应。

3. 自然语言处理与理解技术

自然语言处理与理解技术如机器翻译、阅读理解、对话生成等，应用在许多金融业务场景中。与自然语言的深层语义理解及生成相比，一些简单的子任务（如文本分类、情感分析、事件抽取等）比较容易实现，更方便切入到金融领域，为金融知识图谱构建、舆情监控等应用场景提供帮助。但面临着无法训练出具有足够专业知识的模型的挑战，缺乏充足语料库。

4. 知识图谱技术

金融领域需要的专业性和准确性更高、信息更新迭代更快。这也意味着相应的知识图谱也需要更快更新和丰富其内容。这些特性都带来了更高的成本。为了解决这个问题，可考虑使用一些自动化的辅助手段，不过在金融领域是否能实用，仍需要到具体的实际场景中进行验证。

此外，金融行业的特殊性也对智能金融应用提出了挑战。

1. 可解释性差

数据驱动的人工智能方法可解释性不足，而金融领域对于可解释性的需求更为强烈。这已成为人工智能技术在金融领域广泛应用的一大挑战。机器学习领域中关于可解释的研究往往针对决策树或贝叶斯模型，而对于能力出众的深度学习模型往往因为其复杂多变的结构和变换，尚无通用的方法来得到比较有效的模型可解释性。

2. 不确定性

金融规则和参与者都随着时间发生变化，使得无论是蕴含在历史数据中的规律还是专家总结的经验，都很难长期适用。这种动态性与人工智能中关于数据独立同分布的假设有矛盾，需要创新人工智能技术。迁移学习可以在某种程度上解决这个问题，通过对不同数据分布下的知识进行迁移，将非当前状态下的数据提炼成相关知识用以辅助挖掘当前状态下的数据中所蕴含的规律。但这一类新兴的算法需要针对不同的场景进行定制化设计，如何在金融行业得到很好的落地实施仍需要进一步深入探索。

3. 隐私保护

金融领域对隐私保护要求较高，人工智能算法所依赖的数据往往十分敏感，隐私保护成为智能金融应用的重要挑战。联邦学习技术的提出旨在解决由数据隐私所带来的数据孤岛问题。然而这一类研究的实际落地需要一系列的基础设施的搭建，如不同组织间共同配置的一套统一的数据和计算协作平台、获取用户对这类数据共享协议的授权等。因此，这类技术离真正实用还有很长的路要走。

4. 算法预测有偏见

人工智能技术针对金融领域的预测模型及其性能不适应，甚至可能带有偏见，影响金融服务的公平性。由于人工智能模型大多都是通过挖掘已有数据中的规律进行预测的，所采集到的数据中的偏见也会给最终预测结果带来相同的偏见。但若金融领域基于有偏见的预测进行风险控制，则有可能导致带有某些特殊属性的人群无法享受正常的金融服务，有违公平性。这一类问题也是未来人工智能技术若要成功应用于金融领域所面临的一个挑战。

5. 连续决策限制多

金融领域很多场景涉及连续决策问题，且对单次决策的评价和衡量存在滞后效应。人工智能技术之一的强化学习所需的数据更大，需要模型能自动生成样本数据，但大量数据难以基于固定不变规则模拟现实金融运行场景自动生成数据，限制了强化学习技术的应用。

6. 博弈学习难度大

金融市场是一个经典的多智能体生态系统，其中普遍存在着二阶效应：每个智能体根据生态系统的变化调整各自策略和行为，智能体之间会互相影响。在实际应用中，每个智能体的决策并不透明，或者决策机制差异较大，无法用传统基于统一规则和开放的方式训练模型。

综上所述，人工智能与金融行业深度结合，还有很长的路要走。一方面，金融行业要对人工智能抱有更大的宽容，在应用中不断发展和完善新型人工智能技术。另一方面，人工智能技术研发要充分了解金融行业特殊性，破解难题，推出新型人工智能方法与技术。

四、智能金融发展趋势

2017 年 7 月国务院发布的《新一代人工智能发展规划》明确了智能金融发展目标：建立金融大数据系统，提升金融多媒体数据处理与理解能力。创新智能金融产品和服务，发展金融新业态。鼓励金融行业应用智能客服、智能监控等技术和装备。建立金融风险智能预警与防控系统。我们研究认为，未来全球智能金融的发展趋势主要有：

（一）重塑金融业的运行机制

从经济学的视角来看，智能金融的发展重塑了金融业的运行机制。一是推动了生产要素的重新配置，极大降低了交易成本。如人工智能的发展将减少简单重复性劳动力的需求，大幅降低交易成本、管理费用等。二是改变了原有的生产关系。重塑了金融生态系统，由柜台业务转向网上业务，由消费模式转向体验模式，从研发模式、产业组织形态、产业分工到人与人的关系等均发生了改变。三是增强了规模经济效应。通过互联网、云计算等手段改变了金融业运行所依赖的基础设施条件，使得收益随规模递增。四是减少了信息不对称。通过大数据、区块链等手段减少了信息不对称带来的风险，实现了差异化服务，提高了风险识别、预警、阻断与控制能力。五是改变了传统的金融逻辑。传统银行贷款主要以财务资质审核为主，通过提供证明获得增信；而网络银行改变了传统金融的逻辑模式，从以财务数据为基础转变为以行为数据为基础。

（二）有可能改变世界金融格局

人工智能、区块链等新兴技术的运用，使得数字货币从基础层面改变信息不对称的解决方法，带来全球金融业的革命与进化。目前，数字加密货币在全世界进行渗透，全球数字货币间的争夺赛已经展开。由 Facebook 等 IT 巨头发布的 Libra 币更有望在世界范围内获得更大影响；2019 年 8 月，中国人民银行表示即将推出数字货币。本研究认为，至少有三点理由表明，智能金融的发展有望成为中国发展的新引擎，改变世界金融格局。一是从目前的发展态势来看，这轮由技术发展驱动的金融创新，从市场需求和技术的运用角度而言，中国已经站在了第一起跑线，并且发展后劲充足。二是中国政府高度重视智能金融的发展，不断优化其发展的生态环境，有望在发展与监管中达到平衡。三是智能金融的发展有赖于新技术的发展，但其发展程度并不完全取决于技术的领先。市场的普及与渗透、应用端的人性化，往往更能驱动其发展。

（三）对金融领域的影响将加速释放

从目前的发展态势来看，智能金融已经渗透到银行、证券、保险、基金、消费金融、小额信贷、征信、第三方支付等领域，涵盖了客服、风控、营销、投顾、支付等业务范畴。特别是，在我国支付、网络贷款等应用领域的应用接近成熟，网络支付已经深度渗透到人们的日常生活中，深刻影响了大众的生活方式。从研发投入趋势来看，国内各类金融机构都加大了智能金融领域的研发投入，不断丰富金融科技的业务应用场景。据统计，2018 年我国金融机构技术资金投入达 2297.3 亿元，其中以大数据、人工智能、云计算等为代表的前沿科技领域的资金投入占总投入的 29.4%。从投资趋势来看，2017 年到 2018 年，全球金融科技投资额增幅超过一倍。可以想见，未来智能金融对金融领域的影响将加速释放。

（四）智能金融的治理将更多依赖于监管科技的发展

监管科技指使用科技，特别是信息科技进行的监管监督、报告和合规。英国金融行为监管局（FCA）认为，监管科技是“运用新技术，促进达成监管要求”，这既包括监管机构运用技术进行监管，也涵盖了为金融机构、金融科技公司提供满足监管合规要求服务的专业 RegTech（监管科技）公司。未来，驱动监管科技成为主要治理手段的因素至少有三点：

一是数字化发展趋势。未来，整个金融服务行业越来越数字化，相应地，金融监管方法也应从“了解你的客户”转向“了解你的数据”。监管改革要求被监管实体披露大量数据信息，而数据科学的进展允许对非结构化数据进行结构化处理，例如人工智能和深度学习，使得数据在监管中的作用不断提升。

二是合规成本降低的要求。从金融机构监管的角度来看，利用科技手段进行的合规监管与手动合规监管相比，二者在准确程度和成本之间的差距非常明显，监管科技的监管优势明显更胜一筹，而数据量和数据类型的大量增加将使得监管科技的优势更为明显。

三是风险管控的内在需求。监管者亦需要使用科技来提高监管工具效率，形成监管过程的科技解决方案，以应对跨界市场化快速发展带来的挑战，并巩固金融稳定性。白宫（2017）认为 RegTech 不仅是使得监管要求传递更高效、更有效的技术，而且是引领监管范式转变的关键。其优点在于可以持续监督、提供实时洞察、通过深度学习和人工智能过滤，观察全国和全球市场的功能，提前识别问题而不仅仅是在问题发生后采取行动，从而更具前瞻性。

（中国科学技术发展战略研究院研究员李修全，中国科学技术发展战略研究院研究员张俊芳，微软亚洲研究院主管研究员刘炜清，微软亚洲研究院高级研究经理边江，微软亚洲研究院副院长刘铁岩）

第二部分　应用篇

一、金融机构业务前台场景应用

（一）智能身份识别

1. 定义与应用场景

智能身份识别，又称生物识别技术，是指对生物体（一般特指人）本身的生物特征来区分个体的计算机技术，包括身体特征和行为特征两大类别。前者包括指纹、静脉、人脸、DNA、掌纹、手相、虹膜、视网膜、气味等，后者包括键盘敲击、步态、声音等。目前市场上主流的智能身份识别技术以指纹识别和人脸识别为代表，已进入大规模应用阶段。

指纹识别技术早在20世纪90年代就开始在金融行业被大规模运用。配备了指纹识别模块的操作系统可以精准地确认操作人员身份，避免出现滥授权或乱授权的现象，减少被入侵的风险，也有利于事后责任追溯。除银行操作系统外，如今手机等移动终端设备也普遍搭载了指纹识别技术，用户可以在更安全的环境下通过手机APP进行业务办理。

人脸识别技术则是继指纹识别技术之后第二项广泛投入商用的技术。2014年香港中文大学的多媒体实验室宣布其研发的人脸识别算法在历史上首次做到了超越人眼精确度，自此掀起了人脸识别的高潮。由于可以真正做到无感知识别，且不受空间时间的限制，人脸识别的便利性远远超出了其他身份识别技术。金融机构纷纷布局人脸识别技术。

虹膜识别技术也是在金融领域应用较多的技术。由于人类眼部中的虹膜含有众多相互交错的斑点、细丝、冠状、条纹、隐窝等细节特征，且在一生中保持不变，其稳定性相较指纹识别及人脸识别更佳。但是虹膜识别技术系统约束过多，需要用户配合调整头部、眼睛姿势，同时其硬件成本较高，一定程度上限制了虹膜识别的推广。

指静脉识别技术作为另一个后起之秀也在部分银行的自助设备上得到

运用。其通过静脉识别仪或红外线 CCD 摄像头获取人体的静脉分布图来进行特征的对比匹配，准确度较高，能达到金融级的安全需求，但同虹膜识别一样，也存在现阶段设备造价较高的问题，难以广泛使用。

不同的智能身份识别技术在安全性、适用性、获取性、成本等维度上有一定差异，表 2.1 对主流智能身份识别技术的特点做了简要的梳理。

表 2.1　　智能身份识别各技术方案的特性与优缺点对比

识别技术方案	技术成熟度	实施成本	应用效率	安全程度	优点	缺点
指纹识别	高	低	高	低	成本低，技术成熟	（1）验证时需要接触 （2）容易伪造，无法验证活体
人脸识别	高	低	高	高	（1）非接触式，支持活体验证 （2）技术成熟，解决方案层次多样	（1）应用场景复杂 （2）需要根据现场条件调试 （3）对算法要求高
虹膜识别	中等	高	高	高	特征稳定，仅受眼部疾病影响	（1）设备造价高，易受环境光影响 （2）需使用者高度配合
指静脉识别	低	高	中等	高	特征稳定，难以复制盗取	（1）设备造价高，需要采集手指信息 （2）设备无法进一步小型化

智能身份识别所采用的生物特征和识别对象本身通常无法分割，因此较账号密码等传统的身份鉴定手段存在较大优势。智能身份识别技术具有以下特点：（1）随身性。生物特征是人体固有特征，与人绑定，“随身携带”。（2）唯一性。每个人的生物特征独一无二。（3）稳定性。生物特征相对不会随时间等条件的变化而变化。（4）广泛性。除特殊群体外，每个人都具有这些特征。（5）便利性。不需要记忆密码或携带使用特殊工具，不会遗失。

在具体的业务场景上，智能身份认证在金融领域的主要应用领域包括远程核验、人脸支付、智慧网点、运营安全四大场景。

远程核验。远程核验即远程身份认证服务，通过人脸比对、人像搜索、活体检测等算法能力，借助移动端的硬件设备，支持金融机构在线开户、在线贷款、远程服务等业务，从而帮助金融机构降低欺诈风险，提升业务运营效率，优化客户体验。

人脸支付。人脸支付为线下场景提供了“无感支付”的便捷体验，实现“以脸换卡，以脸授权”，目前已在零售、地铁、医院等场景落地。一方面人脸支付减少了支付场景对手机的依赖度，加快了支付及通行效率；另一方面可通过快速识别客户，实现风险防控上的实名登记以及营销手段上的精准推荐。

智慧网点。在银行网点等金融机构的营业场所中，智能身份识别可通过对客户的主动识别和行为特征分析，应用在客户“进入、等候、办理、离开”的全流程闭环承接上。在客户进入时，进行 VIP、黑名单识别并推送给网点工作人员；在客户等候时，通过智能屏识别客户特征并进行精准营销；在客户办理业务时，通过智能化改造的 ATM、VTM 等设备提升服务自助化程度，同时在柜台上辅助网点工作人员对客户进行人证核验；在客户离开后，将客户的特征习惯回吐给客户画像体系，支持网点的整体经营效益分析，从而提升金融机构对客户的服务能力。

运营安全。金融机构的营业网点、金库、保险箱等场所是防盗抢的重点单位，银行内部的中心机房、会计档案中心也是严格控制进出的重要场所。通过人脸识别、虹膜识别等智能身份识别技术可对控制区域内出入人员进行自动化管理，防止可疑人员进入。

2. 应用意义

在以人工智能、云计算、大数据为代表的新技术带动下，金融业正向数据化、智能化时代发展。

智能身份识别技术就是最典型的案例，其通过对金融运行流程和环节上的"微创新"从三个角度赋能金融。

其一，降低金融欺诈造成的损失、提升金融运营效率。商业银行在开户环节引入智能身份识别技术，可降低银行人力投入，也把冒名开户比例从过去的万分之五降至近乎于 0。声纹识别系统帮助保险公司准确识别投保人。信托公司利用智能身份识别技术开展现场及远程双录、签署交易文件，可准确识别委托人，满足合规要求，节省人力成本。

其二，扩展金融行业线上业务的半径、优化客户体验。多家机构已实现线上个人小额贷款自动审批，借助远程身份识别，简化了操作流程，解决了传统风控手段成本和效益不匹配的痛点。某保险公司在注册认证、刷脸登录、投保申请、理赔申请等环节中成功运用人脸识别技术，活体检测识别率超过 99%，客户从保单贷款申请到审核业务办理时长从原来的 2 天缩短到 2 分钟。

其三，丰富线下场景的数据维度、提升客户运营能力。在金融机构的营业场所，通过人脸识别实现对客户的精准营销，并分析营业场所客流、人群画像，提升金融机构的客户获取和服务能力。

智能身份识别技术作为一种平衡安全与便捷的认证手段，与金融场景形成了天然的契合点，为金融管理和金融服务提供了足够的安全保障和优秀的用户体验。

3. 市场情况与政策环境

在我国，生物识别技术在金融行业的应用已渗透到了方方面面，其中以人脸识别技术的落地最为迅猛。

2013 年，农业银行率先在超级柜台上试点人脸识别技术。2015 年，招商银行推出柜面刷脸验人及 ATM 刷脸取款服务；同年，微众银行通过人脸识别技术实现首笔线上贷款的发放。2016 年，包括四大行在内的数十家银行相继将人脸识别技术引入柜台核验、远程开户等业务环节。2017 年，支付宝在肯德基上线刷脸支付，成为刷脸支付在全球范围内的首次商用试点。2018 年，建设银行在上海揭幕首家无人银行，通过生物识别、语音识别、数据挖掘等技术，为客户提供全自助的便捷服务。2019 年，继支付宝的“蜻蜓”、微信支付的“青蛙”之后，银联正式上线“刷脸付”线下人脸支付产品，人脸支付迎来爆发期。

我国智能身份识别技术处于全球先进水平，市场规模保持高速增长，2002 年以来我国智能身份识别市场规模复合年均增速超过 50%，2018 年人脸识别行业市场规模突破 100 亿元大关，未来发展潜力巨大。近些年，我国更是涌现出了众多在智能身份识别领域优秀的公司，包括商汤科技在内的一批计算机视觉行业的头部企业脱颖而出。据统计，2018 年全球智能身份识别技术行业市场规模已超过 160 亿美元，其中指纹识别市场规模超 77 亿美元，在整体市场中占比最高，但 2018 年增速仅为 3.68%，呈下降趋势。而人脸识别技术近年来快速发展，市场规模大幅增长，2018 年市场规模接近 26 亿美元，同比增长达 18.66%，在增速上远高于指纹识别技术，显露赶超之势。

2015 年 12 月，中国人民银行发布《中国人民银行关于改进个人银行账户服务加强账户管理的通知》（银发〔2015〕392 号），提出“提供个人银行账户开立服务时，有条件的银行可探索将生物特征识别技术和其他安全有效的技术手段作为核验开户申请人身份信息的辅助手段”，首次明确了监管对生物识别技术在金融场景的态度，加速了生物识别技术在银行客户身份核验场景进入实用化阶段。2018 年 1 月，中国人民银行印发《中国人民银行关于优化企业开户服务的指导意见》（银发〔2017〕288 号），对优化银行开户流程方面提出意见。除了鼓励银行推广电子渠道预约开户、整合开户与各类基本结算服务申请和协议提高企业开户效率外，同时鼓励银行积极运用技术手段提升账户审核水平，包括鼓励银行将人脸识别、光学字符识别（OCR）、二维码等技术手段嵌入开户业务流程，作为读取、收集以及核验客户身份信息和开户业务处理的辅助手段。2019 年 8

月，中国人民银行印发《金融科技（FinTech）发展规划（2019—2021）》（银发〔2019〕209 号），将人脸识别线下支付列为发展重点，指出要探索人脸识别线下支付安全应用。人脸支付成为继人脸开户之后第二个被官方认可的生物识别场景。

在鼓励技术创新的同时，监管部门也对生物识别技术伴随的一些数据安全及隐私上的争议高度重视。人民银行相关部门已经在制定人脸识别、活体检测、个人信息保护等相关管理标准制度，明确个人生物特征信息采集、传输、存储、利用等环节的安全管理要求，为生物识别技术金融应用提供制度保障；同时，引导金融机构运用标记化技术进行数据脱敏、隐私计算、分散存储等，通过科技手段加强生物特征信息保护，提升风险技防能力。

总体来看，监管部门对生物识别技术的态度是理性地拥抱，在秉持“守正创新、安全可控、普惠民生、开放共赢”的原则下，在识别和治理新技术所带来新风险的前提下，鼓励智能身份识别技术的应用及落地，赋能金融业高质量发展。

4. 难点与挑战

智能身份识别技术使金融服务在更智能、更便捷、更普惠、更安全的发展道路上更进了一步，但作为一项新兴技术，其在落地过程中也遭遇了不少挑战，主要集中在检测算法精度有待提高、终端算力资源还需加强及数据采集缺乏统一标准三个方面，下面以人脸识别技术为例来说明。

在算法层，从实验室到商业化需要解决在复杂场景中由于光线、角度、姿态、遮挡等一系列因素导致辨识准确度降低的问题。除此之外，随着人脸识别技术的广泛应用，照片攻击、视频回放攻击、立体面具攻击等攻击手段也层出不穷。这要求人脸识别技术除了解决“识人”以外，还要提升“识真”，即活体检测的精度。

在算力层，芯片、传感器以及移动设备的实时计算仍对人脸识别的普及造成了一定的瓶颈。在芯片方面，人脸识别技术对算力资源要求较高，在高并发、低延迟的场景下，相对于传统的算力后置模式（前端摄像头做人脸检测和抓拍后传递给后端服务器进行对比识别），算力边缘化成为发展趋势，而算力的边缘化主要依托于终端算力。目前，人脸识别领域尚没有可商用的专用芯片，而通用芯片如 GPU 则存在功耗大、成本高的短板，亟需适配度更好的低功耗芯片面世。在传感器方面，由于人脸识别 2D 技术无法完美解决活体识别的问题，需要终端设备配备深度相机进行活体检测。目前移动端主流的深度相机有结构光摄像机及 TOF 摄像机，但囿于硬件成本，各大手机厂商仅在高端机型上适配深度相机，其普及度还有待提高。

在数据采集层，智能身份识别需要标注良好的大型数据集，以满足深度学习模型的解释性以及实际应用场景的复杂性。但由于目前业界缺乏统一的建设标准，各类业务中人脸数据质量差异大，给人脸识别的应用和发展带来了一定的难度。同时，由于金融行业的特殊性，各金融机构间难以实现数据的互通和共享，无法通过数据训练对特定场景进行优化训练，导致算法优化提升缓慢。对此，科技厂商需加快研发人脸识别模型的自训练平台，以适应在数据私有化场景中的算法迭代。

除了以上技术侧的难点及痛点以外，智能身份识别技术还面临来自数据安全及数据隐私的争议。在数据安全性方面，由于智能身份识别技术信息具有唯一和不可再生性，如果储存了大量生物识别信息的数据库被攻击，会给进行身份识别的用户带来身份信息泄露的风险。而在数据隐私方面，部分企业在没有获得用户同意的情况下，私自采集、储存和利用用户的生物识别信息，也对用户隐私造成了极大的威胁。为保障智能身份识别技术的健康发展，在法律法规层面，国家及相关政府部门需尽快统一行业标准，制定相关政策保障用户隐私安全。

5. 政策建议

云计算、大数据、互联网等技术为智能身份认证的爆发式发展及落地奠定了基石，一场身份认证革命已然来临。未来，伴随着智能身份识别技术的进一步发展以及市场趋于成熟，其将被运用于更多的领域。金融机构在发展智能身份识别时应围绕着金融业务模式的核心价值，聚焦以下目标：

一是在零售业务方面，利用智能身份识别的无感特征提升客户体验，为客户从注册、信用评估、交易、贷款申请、到访等业务环节提供更便捷的服务，并以客户为中心进行高维的行为数据分析和模型建设，提升获客能力及单客价值。

二是在对公业务方面，围绕资产端风险进行多维度的洞察，将智能身份核验运用于投前尽职调查、投中合同面签及投后现场检查环节，及时识别外部欺诈风险，提升资产端风控质量。

三是在内控合规方面，将智能身份核验布防于重要业务节点及重点防控场所，对关注区域的可疑操作、可疑人员进行全量、实时预警。通过将事后抽查升级为事中全量监控，不仅能提升内控工作的效率，而且有助于提升机构内部的合规意识。

（二）智能营销

1. 定义、特点与场景

传统而言，金融行业在营销阶段更加关注对大范围消费者的触达，主要运用线下推广和互联网技术进行营销，其营销渠道主要还是利用实体网点、电话短信推销、地推沙龙等方式将金融相关产品销售给潜在客户。这些营销方式之下，金融机构对于市场需求的把握往往不够精准，同时也使得客户对金融产品产生抵触情绪，标准化的产品以群发的方式进行推送也无法满足不同人群的需要。同时，由于转化率较低，金融产品在营销阶段的成本往往高企，但购买转化率则相对较低。

智能营销，也称为精准营销，通过人工智能技术，根据客户交易、消费、网络浏览等丰富的特征数据，构建用户多维画像，从而挖掘客户潜在需求。通过打通金融机构与渠道、人员、产品、客户等环节，使得金融产品和服务覆盖更多的用户群体，为消费者提供个性化与精准化服务。

整体来看，金融行业的营销技术发展大致可以分为四个阶段，分别是基于大众媒体技术的传统营销、互联网技术 + 营销、大数据技术 + 营销、人工智能技术 + 营销，各个阶段持续迅速演进，每个阶段的金融营销方式与重心各不相同。在互联网 + 营销阶段，机构会考虑在触达的基础上进行简单的交互和沟通；在大数据 + 营销阶段，则开始注重营销的精准度和个性化；到人工智能 + 营销阶段，则开始以智能化方式全面优化提升各个营销环节的效率。随着人工智能技术在金融行业营销过程中的应用深化，其除了提高产业效率外，在精准触达、用户交互上也会提出更加优质的解决方案，未来智能技术将对金融营销持续产生深刻的影响和变革。

相比于传统的营销方式，智能营销有以下几个特点。

一是升级金融行业营销方式。智能营销能够实现精准获客，潜客挖掘和精准营销。在精准定位的基础上，金融机构依托现代信息技术手段建立个性化的客户服务体系，包括潜客挖掘、站内用户的转化/促活和提升。除了提高效率，在精准触达、用户交互上也较传统营销更自然、更易接受，也更便捷。潜客挖掘是根据客户特征进行筛选推送，通过构建用户社交关系图谱来挖掘某一个产品/服务/业务的潜在客户，找出当前已使用了该产品、服务和业务的用户集，计算与其他用户的相似度从而获得潜在客户。图 2.1 为整个精准营销运营的框架。

二是精确识别用户接受营销的方式，提高金融产品用户触达。在用户群中准确识别出目标用户，并通过定量分析遴选出这类用户的媒体和场景偏好，从而帮助金融机构在投放方式、场景及时间等方面做出最优化的选择，有效控制成本的同时提升营销效果，实现资讯、产品智能推荐。金融

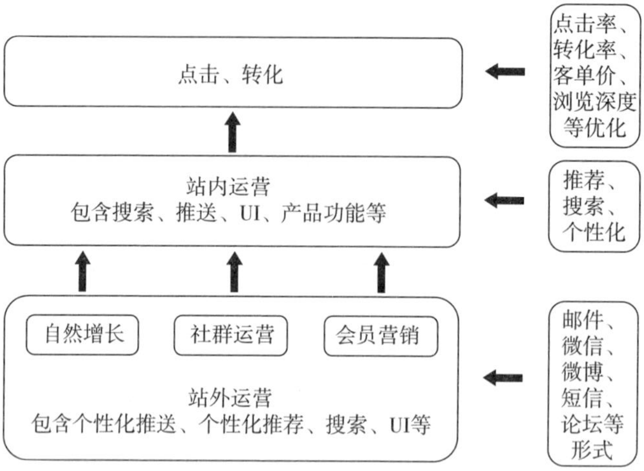

图 2.1　精准营销运营框架图

机构已通过智能推荐实现产品组合和资讯类增值服务的精准营销。例如，广发证券首先通过用户画像群体分析找到潜在客户，向业务方提供潜在客户名单，然后通过 APP 消息推送触达用户，用户收到消息后点击，然后购买这些产品或服务。模型通过计算客户自选股或持仓标的与资讯产品的关联度进行客户挖掘和筛选，先按照客户股票池及持仓标的与资讯产品涉及标的的交集进行匹配。在此基础上，结合客户近期的盈亏，资产情况以及用户的可触达方式（APP/ 官微/手机号）进一步定位目标客户。

三是预测用户需求，全方位满足用户需要。通过对比相似用户的行为，推测客户不同时期的金融服务需求，并有针对性地提前布局金融营销手段，从而提前占据市场的有利位置。精准营销全流程闭环为确定目标，通过用户画像平台、数据分析与建模，选取活动对象，确定合适的时间、地点/场景，合适的产品/内容，通过消息/广告触达用户，并进行相应的数据采集，如点击、响应等，对反馈数据进行效果评估，如不同渠道下的点击率和用户行为转化漏斗等。根据评估的效果做出相应的优化改进，持续地迭代优化。图 2.2 为精准营销全流程闭环的框架图。

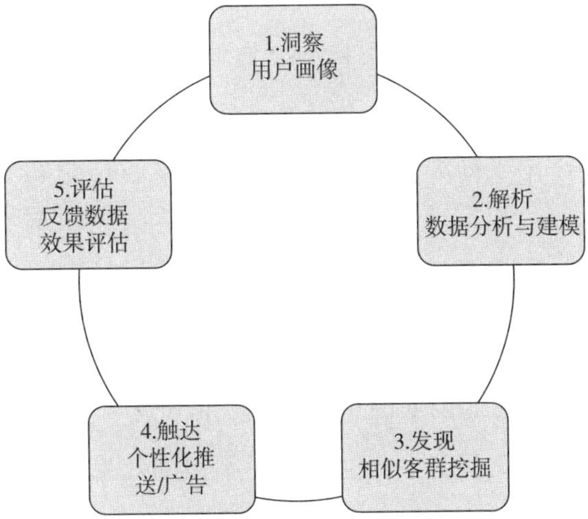

图 2.2　精准营销全流程闭环

金融科技的升级突破直接推动了金融行业营销方式的转变与发展，不断为金融营销实践创造更多的可能性。营销作为金融服务链条的起始环节，对金融业保持长期发展并不断提升核心竞争力而言至关重要。

商业银行在智能营销方面通过全面布局线上获客渠道，建立超高维特征模型，不断优化和提升人工智能技术的获客效能，积累更全面更精准的客户 KYC 以扩大客群。通过智能搜索引擎提升获客效果，通过智能触达与经营沉淀，提升线上流量向客户转化的效率，着力构建轻型获客能力以保持可持续增长的动能。

中国银行通过整合全信息、销售全产品、协同全渠道、覆盖全流程，实现了全行 4 亿多全量个人客户画像，覆盖客户基础信息、兴趣爱好、社会属性、金融特征、客户价值和互联网特征等多种丰富的客户属性。通过模型算法实现客户与产品的匹配，为上亿客户自动推荐理财、基金产品，以精准定位为目标，依托数据分析，建立个性化的客户沟通服务体系，大幅提升营销成功率；实现客户流失预警等智能应用场景，通过对客户账户大额动账的原因分析，进行成本收益计算，给出有效的线上或线下的挽留方案。

招商银行立足行内实际需求构建了联邦式金融知识图谱，具体包括：零售金融客户图谱、私募图谱、公募基金图谱等，共涵盖5亿实体和7.18亿条关系，广泛应用于精准营销、商机发现、风险控制和智能问答等业务场景。其中零售金融客户关系图谱在私行客户转介场景中的应用响应率可达17%，相较传统陌拜响应率有大幅提升。此外，招商银行的个性化推荐系统基于大数据分析和协同过滤等算法可对零售客群进行360°画像，实现基于地理位置和客户行为的实时精准营销、服务与风险管控。

证券公司利用智能营销手段也取得了不错的效果。广发证券在精准营销领域中借助业界领先的大数据与人工智能技术，对客户、产品、资讯进行分析，通过标签化和群体画像，精准匹配，抓取目标客户，连接营销渠道，主动触达，实现营销精准投放、营销效果评估动态优化闭环。通常做法是分析用户兴趣和行为偏好特征，量化用户偏好程度，进行立体用户画像，广发证券自研发用户画像系统，新建了200多个标签，并已使用在金钥匙、Web易淘金等产品上，取得显著的效果。

2. 技术现状

智能营销的发展趋势与技术的经济价值有较强的相关性，当前已历经两个阶段的发展。第一个阶段即人机分工的阶段，在这个阶段，人的工作和机器的工作之间的界限是非常清晰的，人机分工背后的逻辑是成本，即只要机器去做的成本比人去做的成本低，极大概率将实现机器替换。该阶段最大的问题是，因为人机分工的边界很清晰，所以在很多事情上机器可能有一部分做不了的，即便机器可能做到80%、90%甚至95%以上，但是只要有一部分它做不了，这个事情就没有办法交给人工智能。因此，该阶段智能营销主要集中在对客户数据的挖掘与分析上，而非客户触达与服务等层面。

在智能客服发展的第二个阶段，即人机协同阶段，背后的逻辑是人的能力和机器能力的深度融合，就是让机器人做更擅长的事情。即机器进行数据分析、挖掘、打标签并进行初步的营销沟通，当客户有意向时，将任务转移至人并完成营销的流程。

未来长期阶段应该是“人工智能+”的产业阶段，即主体的、真实的面向客户服务的工作都是由人工智能来完成。人则成为真正客服体系的领导，即一线面对业务的都是机器人，人不干直接的一线业务，而是在不停地重构整体服务流程。在该阶段，人工智能大概率地实现了数据采集、挖掘、分析、标签、营销的全流程，而人从事的则是整个流程的设计、优化或重组。

从技术发展的角度看，智能营销技术的发展有几个现状值得关注。

一是多方数据库全面涵盖，个性标签组精准定位金融产品目标用户，对金融产品用户的需求洞察更加个性、深刻。如何确定用户兴趣、定位目标用户是一切后续金融服务环节的前提。通过对金融产品与用户进行全面分析，可以准确地判断特定用户是否是本次营销活动的目标受众。在传统金融行业营销中，因为人力有限以及金融产品营销人员具有的主观性，无法对用户特征进行详尽的判断，同时对于数据的处理能力亦远逊于机器。而智能营销系统通过自身强大的处理能力可以对多方汇集的大量金融和非金融数据进行快速的分类处理，迅速建立用户样本库，更好地定位目标用户群。对于收集的客户交易、消费、网络浏览等行为数据，利用深度学习相关算法进行模型构建，帮助金融机构与渠道、人员、产品、客户等环节相联通，从而能够覆盖更多的用户群体，为金融产品的消费者提供千人千面、个性化与精准化的营销服务。同时在用户时间碎片化、行为多元化的背景下，基于多维数据，人工智能等技术通过深度学习可对自身进行迭代和进化，与用户行为和习惯保持同步变化并进行追踪，有效地降低投放成本，提升营销效果。

二是精确识别用户感兴趣渠道，提高金融产品用户触达率。随着互联网的发展和移动设备的不断普及，越来越多的用户将更多的时间和精力投入在线社交以及短视频等新型平台上，这也使得金融营销场景能够拓展至更多新的方向。在旧的营销模式下，金融机构很难量化筛选出适合自身的投放平台和投放方式。而人工智能技术可以在已分类完毕的用户群中准确识别出目标用户，并通过定量分析遴选出这类用户的媒体和场景偏好，从而帮助金融机构在投放方式、场景及时间等方面做出最优化的选择，有效控制成本的同时提升营销效果。

三是提前预测金融产品用户未来需求，全方位满足用户需要。通过分析金融产品用户特征和行为确定用户需求并进行有针对性的金融营销活动，金融机构得以将自身产品设计与用户的全生命周期有机结合，从而有效提升金融服务的效果与用户体验。基于智能营销技术的数据存储以及对用户的全面洞察，商家可以对相似用户的消费行为进行对比，获得不同时期客户对于不同需求的意愿——无论是金融行业或是跨行业的，并以此为依据制定有针对性的金融营销手段，从而提前占据市场有利位置。

3. 未来发展方向

未来金融机构在智能营销领域将继续挖掘自身能力、寻求合作、搭建服务平台，持续发展，主要体现在以下三个方面。

一是数据和技术将成为金融营销产业的发展方向。对于金融智能营销市场产业链而言，通过智能技术的连接，每个环节间几乎都可以产生联动，而这些联动的基础则是用户产生的各种数据。金融机构、第三方企业和营销内容投放平台通过收集这些数据形成对用户的多维画像，从而对智能营销活动各环节起到更好的指导作用，提高金融服务的触达效率。而在整个智能营销产业链条中，用户数据和处理用户数据的智能技术是产业发展的核心，也是金融营销产业中各方话语权的立足之本。

二是金融机构依托外部技术支持，深度挖掘自有数据价值。金融机构在与金融产品消费者的长期沟通和交易接触中，积累了大量的一手用户数据，具有非常大的营销价值。而过去一方面由于金融机构自身营销理念和意识的滞后性，另一方面由于数据处理技术的限制，造成金融机构对自有数据在很大程度上的搁置、浪费或低效利用。因此，搭建私有 DMP（Data Management Platform，数据管理平台），增加对 Martech（Marketing Technology，营销技术）的重视，对于金融机构有着重要的战略意义，而对大部分金融机构来说，独立开发私有 DMP 成本和技术门槛过高，因此金融机构向第三方服务商寻求技术支持成为普遍做法，也正是基于该需求形成了智能营销的金融产业链合作模式。

三是金融营销的第三方服务商短期不断深化关键技术，长期积极搭建智能营销平台。相比金融机构，智能营销第三方服务商没有直接的金融产品用户数据源，因此技术是其在产业链中的核心竞争力。从短期来看，第三方技术服务商需要不断提升和优化自身所处领域的关键技术和服务水平，通过技术壁垒在用户洞察、内容制作和效果监测等方面为金融机构和媒体方提供帮助和发挥作用。从长期来看，第三方技术服务商需要积极搭建智能营销平台，一方面培养金融机构和媒体方对自身平台的习惯度和依赖度；另一方面开始积累合作资源，通过整合跨平台的金融产品用户的二手数据，去巩固自身的产业价值。

在未来，智能营销会从三个方面改变现有的商业模式。

第一是作业方式的转换。智能营销需从局部的孤岛式的作业方式变成跨领域、融合的工作方式。这种方式可能需要组建多样化的团队。举例来说，在银行和保险业，当很多 IT 系统上线时，传统方式是由信息中心主导进行厂商的选择、POC 测试招投标。这是一个局部作业，信息中心可以独立完成。但在智能营销模式下，业务部门将牵头新产品选型（业务部门对需求把控更直接，更知道自身需要智能的能力帮助完成什么，也知道自身的部门有哪些能力可以提供出来），可以将营销需求与厂商提供的人工智能能力相结合。

第二是决策模式的转变。传统营销的决策模式通常基于经验或感悟，而当前越来越多的产品和服务都在创新，仅凭传统的经验在新产品不断涌现的时代可能无法做出更精准的决策。未来，营销决策所依据的信息需要人工智能在其中发挥作用，比如电话机器人将其与客户交流的过程信息（包括语音语调、语速变化、语义内容等信息）转化为数据，从而为后期营销决策提供依据，这是非常有价值的。

第三是价值观转型，作为客服群体最大的客户类型，银行和保险行业本身的属性决定了其企业管理非常严谨，尤其需要重视风险管理。但在尝试新技术时，组织或许需要做一些变化来迎合更大的时代变化，即以往流程化、对于风险比较敏感的组织需要转变成学习型、可以快速迭代、快速升级的组织。这一难度无疑很大，其中的创新与合规、创新与稳健等问题亟待解决。

案例专栏　金融壹账通开启金融业智能营销新时代

2018 年 7 月，中国平安集团旗下金融科技独角兽——金融壹账通，在深圳召开主题为“未来银行 · AI + 营销”的 Gamma 智能营销方案体验大会暨产品发布会，向行业首次公开 Gamma 人工智能营销解决方案。此方案涵盖线下寻客、线上拓客和全面智脑三大子方案，覆盖了行内行外、线上线下、存量增量、软件硬件等全维度的数字营销场景、渠道和设备。其中，结合最新智能文本阅读理解技术的 Gamma 人工智能营销解决方案的销售助手受到中小银行的广泛关注。

一是线下寻客。Gamma 人工智能营销方案针对网点内、网点外不同的场景，综合运用 1∶N 人脸识别、姿态识别、自然语言多轮对话、最新的智能文本阅读理解等先进技术，把客户的线下活动数据化、智能化、自动化，极大地提升了客户的服务体验，帮助银行更有效地在服务中转换营销商机，提升客户的黏度。使用这一工具，用户可以针对任意一款金融产品的产品细节进行提问，智能销售助手会实时给出专业标准的答案。更为先进的是，当有任何新产品发布时，智能销售助手可以秒级读入产品文本，实时理解产品细节，立刻解答用户的各种提问。成为一个真正的可以实时读懂文本的智能的虚拟营销专员，极大降低了银行营销人员的培训成本。告别了此前新产品上线需要长时间训练对话机器人的传统人工智能模式，让服务做到即插即用，方便快捷。Gamma 人工智能营销解决方案还提供可以放置在商场、车站等客流大的区域的设备，通过多样化的游戏交互等方式，实现 7×24 小时批量智能获客，其获客成本仅相当于传统模式的 30%，极大地提升投入产出比。结合智能寻客地图和智能二维码解决方案，可以快速实现银行客户经理的网格化管理，对于经营绩效和客户画像都进行全面捕捉，从而将传统线下营销智能化、自动化。

二是线上拓客。当前越来越多的银行客户经理使用社交媒体来营销和服务客户，Gamma 人工智能营销解决方案以社交营销为核心，提供了完整的社交媒体营销解决方案，全面提升银行线上获客能力。其中，运用社交端小程序及银行公众号商城，帮助客户经理实现线上客户批量管理的功能，单个客户经理管户数可以从数十个跃升到千个以上，效率大大提升。所有系统最快 1 天即可上线，营销活动转发率较传统模式提高 10 倍以上。Gamma 人工智能营销解决方案还配备了业内首创的基于人工智能自然语义多轮问答技术的智能外呼系统，该系统具备强大的智能分析功能——筛选、匹配、分类、锁定，可以实现机器人与客户多轮次自动对话，在客户申请断点时主动外呼，断点召回比例提升 30%～60%，显著改善客户体验，从而变服务为营销，利用虚拟营销专员帮助银行服务好每一个潜在客户。

三是全面智脑方案。所有上述的方案都离不开大数据的支持，Gamma 人工智能营销解决方案中智能大数据平台是帮助银行全面管理内外部大数据的数据中枢。支持 100 余种数据格式的接入与管理，方便银行现有数据的接入与管理。同时还提供了非常丰富的外部数据接入与管理的工具，预置多项外部数据接入接口，帮助银行实现内外部数据的全面管理，做到内外部数据 1 周内快速接入，快速为未来智能营销提供丰富的客户画像标签。与此同时，Gamma 人工智能营销解决方案的智能营销引擎可实时采集各系统产生的丰富数据流大数据，生成针对不同客户特点的千人千面的营销策略，内置多个营销策略模板，实现营销活动的 1 小时配置上线，应对银行越来越丰富的营销需求。首创基于自然语义搜索的智能报表工具，采用 NLP 技术，实现 0 代码、自然语义模糊数据查找，帮助用户一键洞见业务细节。

上述方案从数据接入、数据分析、数据应用及数据洞见四个维度为银行提供完整的大数据解决方案，成为虚拟营销专员的智能大脑。三大方案的发布，覆盖银行网点内外、线上线下及数字营销的全维度营销场景，全面提升客户体验，提供更优质服务，引领了零售银行营销变革。通过 Gamma 人工智能营销解决方案，金融壹账通旨在打造银行客户新体验，使其客户活跃度提升 50% 以上，营销活动转发率提升 3 倍以上；同时，显著提升营销效果，沉睡客户唤回率平均提升 3～5 倍，新客户获客量增加 2 倍以上；此外，通过多渠道优化以及精准营销，还能显著降低获客成本，提升营销活动投入产出比。

（三）智能客服

智能客服是指基于知识库实现的智能应答引擎，提供基于语义的智能应答服务，是建立在大规模知识处理基础上的行业应用。传统的以人工客服为主的客户服务体系面临着运营成本高、专业客服培训成本高、人工客服的重复性解答耗能高等严峻问题，智能客服能够通过自学习能力实现智能知识库的优化和完善，帮助客户在最短的时间内定位和解决问题，从而提高公司客户服务体系的效率和有效性。

智能客服以客户为中心，在语音、文字、质检等领域通过智能应用，提升客户体验，降低人工成本，提高客服工作效率。其主要功能包括三个模块：（1）意图识别。识别出与用户输入的查询最相关的信息，是智能客服的核心，准确而快速地识别客户意图，是服务客户的基本要求。（2）答案召回和排序。应答引擎根据客户输入的问题，查询与问题匹配度最高的几个答案，并且将答案按照匹配度排序，返回给应用端。（3）智能知识库。知识库是智能客服平台的基础，知识库主要包括传统的人工干涉维护的增强学习点和深度自我学习积累的开放域库以及私有业务库。

在保险行业中，智能客服目前已广泛应用于各个业务领域，全面覆盖保险的销售、售后、理赔、保全等业务环节，可以代替 70% 人工客服场景，服务客户次数达 4 亿次。

一是机器人客服。采用机器人代替人工处理大量客户咨询与服务要求，可以提高用户需求的响应效率和时空覆盖。通过语音识别技术、语义理解技术，结合情绪侦测技术等，能够 7 × 24 小时回答基本咨询问题，帮助潜在客户检索保险信息，提供客观的咨询意见等。客户应用效果数据表

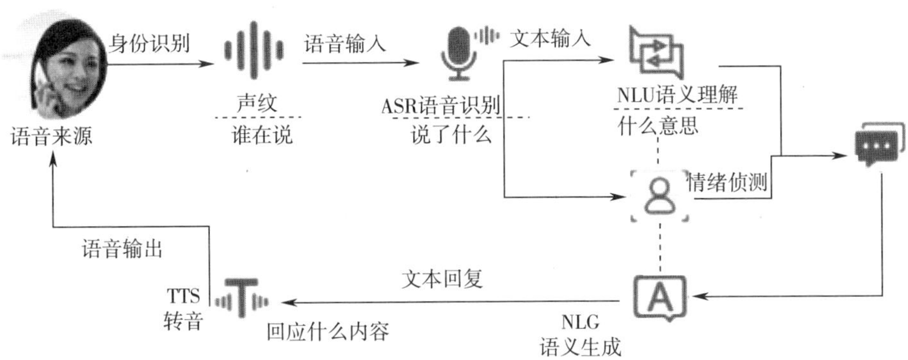

图 2.3　机器人客服

明，机器人客服能够节省 80% 人工客服成本，准确率高达 90% 以上。

二是远程音视频。客户无需临柜，仅需几分钟，通过远程音视频就能够实现智能认证和风险控制，在线完成投保、理赔查勘、回访和保全等。以保全业务为例，通过远程音视频，帮助客服人员识别和处理客户需求，让在线保全变得轻松、高效，实时生效占比提升近 110%，保全时效由 1 天缩短至实时。

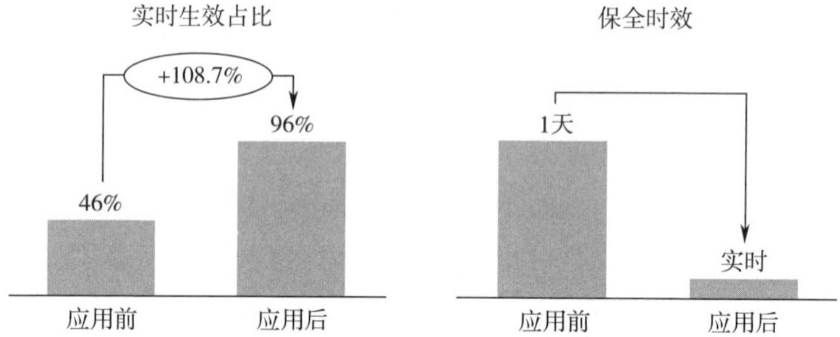

图 2.4　远程音视频在保全业务中的应用效果

（资料来源：平安集团）

在商业银行，智能客服也显著提升了业务开展效率。招商银行的“小招智能客服”机器人已服务手机银行 APP、网银和微信等多个渠道。截至 2019 年 8 月底，在线文本咨询服务达 7117.5 万人次，其中 91% 由机器人处理，相当于节约了 900 多个人工坐席。招商银行的智能外呼机器人在大额支付确认、POS 风险交易确认、账户管理费通知等业务场景中进行了应用，其核心技术指标均可达到 90% 以上，单话路效率可提升 5 倍（1 名客户经理需要 5 天才能完成的外呼任务，机器人 1 天即可完成）。此外，招行 95555－6 智能语音导航用人机语音交互替代了应用近 10 年的菜单按键式交互，目前日均进线超过 1.6 万人次，导航准确率可达 90%。

证券公司结合自身业务，利用智能客服提供更便捷的服务渠道。广发证券智能客服主要支持以下几种场景：（1）业务咨询：高效整合现有的上万级别的证券业务知识库条目，并基于对历史对话内容的学习和积累，实时地基于上下文以及对话语境识别客户口语化问题并匹配标准问题以及对应答案；（2）投资建议咨询：个性化的嵌入对应业务直达办理入口、产品信息、产品购买链接以及营销策划活动等。为客户提供个股点评、研报、个股诊断、基金评价、理财咨询等服务；（3）机器人助手：为人工客服提供机器人助手，帮助工作人员更加高效地完成各项工作，其中包括根据客户提出的问题或者需求，自动为服务人员找到客户需要的答案和产品，定期为工作人员生成工作报告等智能化应用；（4）语音导航服务：客户通过语音方式向手机 APP 下指令，由智能应答引擎分析语义信息，识别用户意图，通过语音方式回复客户，如话音行情播报、语音资讯播报，或直接跳转到相应的功能、栏目、具体的产品购买页面等。其智能客服主要特点体现为以下两点：第一，以自然语言处理和人机文本（语音交互）等多种人工智能技术为基础，使用微信、交易终端、呼叫中心、金钥匙、Web 等多种表现形式，以拟人化的方式与客户进行实时交互沟通；第二，“广发股哥”能够实现客户咨询、业务办理、精准营销等客户服务营销工作，充分利用互联网和移动设备，实现一对多 7 × 24 小时服务，能够大幅降低成本并增强用户体验，同时基于大数据分析实现精准营销。

广发证券智能客服主要处理流程如图 2.5 所示。

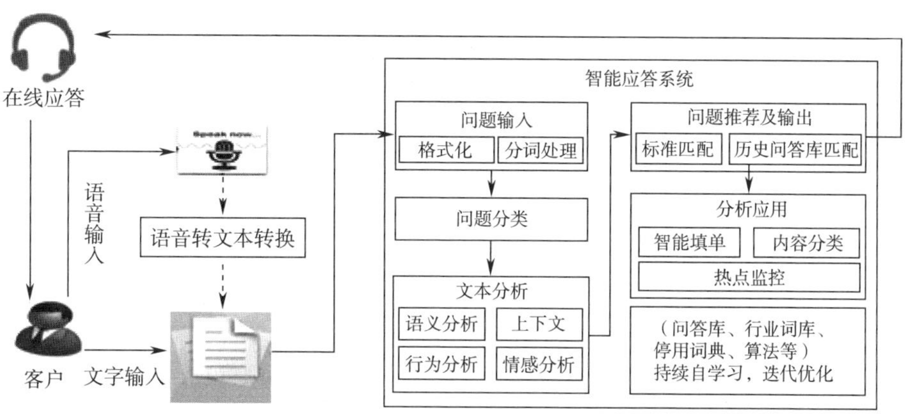

图 2.5　智能客服处理流程图

广发证券智能客服体系构建充分发挥了人工智能优势，在各应用条线取得了切实的成果，提升了客户满意度。广发证券智能客服在2018年全年的服务客户次数约105万次，占全部客服服务（包括人工客服和智能客服）订单约41.2%，预估节约人工成本约294万元，截至2019年9月25日，智能客服在2019年已实现服务客户次数约93万次，占全部客服服务订单约46.6%，服务覆盖率增长约5.4%，本年度预估已实现节约的人工成本约260万元，成本效应显著。而人工客服服务次数也呈现逐年递减的趋势，2017年的人工客服服务次数约为198万次，2018年为152万次，2019年全年预计约126万次，说明智能客服不仅能够减少人工客服的成本支出，而且能提升客户服务整体覆盖面，有效地改善用户体验。

一些基金管理公司基于自然语言处理技术，利用计算机为投资者提供问题解答和业务办理等服务。部分机构的智能客服已经能够处理90%以上的业务问题。由此促使基金公司削减大量客户服务人员，极大地降低了公司客户服务运营成本。

信托行业监管把控严格，对财富顾问的行业知识与综合素质要求较高，培训成本较高，上岗后的熟悉过程较长。为了更准确更及时地推进工作，智能客服提供了较高匹配度的方案。据统计，目前智能客服系统可以解决85%以上的常见问题，针对高频次、高重复率问题解答优势更加明显，能够缓解运营压力并合理控制成本。同时，智能客服拥有的数据知识库可以迅速搭建知识图谱，构建庞大的知识体系，实现更加精准的知识推理和问答。在与客户的问答交互过程中，智能客服系统可以实现“应用—数据—训练”闭环，形成流程指引与问题决策方案，并通过运维服务层以文本、语音及机器人反馈动作等方式向客户传递。此外，智能客服系统还可以针对客户提问进行统计，对相关内容进行信息抽取、业务分类及情感分析，了解服务动向并把握客户需求，为企业的舆情监控及业务分析提供支撑。

案例专栏　众安保险智能客服平台的应用

众安保险成立6年来，坚持科技（人工智能、区块链、云计算、大数据等）与保险进行全流程的深度融合，并以生态系统为导向，通过赋能生态合作伙伴平台，为用户提供定制化、智能化的保险保障方案。在人工智能应用方面，智能核保及自动化流程使承保及理赔的自动化率分别达99%及95%以上；人工智能客服当前使用率为70%；2018年下半年客服智能质检系统上线，进一步使客服质检效率提升20.3%，并确保客服服务标准的统一。此外，在科技输出方面，众安聚焦于保险及金融科技领域，将领先的系统能力通过模块化的方式对国外保险业进行输出。在2018年下半年，众安与软银愿景基金订立协议，共同推动众安于中国境外的科技解决方案输出。至今，众安已与日本前三大财险公司之一SOMPO签订协议，助力其数字化转型；与东南亚领先的O2O平台GRAB达成合作，共同探索东南亚互联网保险分销业务。

2018年众安的研发投入达到了人民币8.521亿元，占公司总保费约7.6%。截至2018年12月31日，众安的工程师及技术人员共计1618名，占公司雇员总数的52.4%，其中数据分析相关人员100名，人工智能相关人员76名，区块链相关人员122名，系统开发相关人员423名，产品研发及交付相关人员245名，其余主要负责业务相关的系统渠道连接及维护等。截至2018年12月31日，众安专利申请量总计达230件，其中2018年当年申请数量为181件，且PCT（*Patent Cooperation Treaty*，专利合作协定）专利申请累计达到29件。众安的数据智能风控产品通过人工智能（包括计算机视觉、自然语言处理、数据洞察）及大数据算法协助保险公司、金融公司及互联网金融平台精细化风险管理，优化风控模型，降低运营风险。2018年众安的大数据风控产品共签约超过220家客户。众安智能客服是一站式移动客服平台、企业的全智能云客服专家。融合多渠道在线咨询，提高客服工作效率，降低管理成本，充分挖掘客户价值。智能客服搭载了人脸识别技术，可用于身份识别、视频通话等，并采用了科大讯飞6麦环阵语音识别系统，实现声纹识别、声源定位、语音和语义识别等功能。

众安智能客服在保险智能服务方面拥有五大类功能：一是自助投保，客户可通过身份证读卡器识别身份证等证件信息，进而直接投保；二是保单查询，客户可通过人脸识别和语音交互功能查询保单；三是业务办理，客户利用集成在机器人身上的不同功能程序直接办理业务，且众安智能客服能够自动更新泰康产品和服务；四是人机协同，众安智能客服在遇到无法解决的问题时会呼叫后台人工服务，共同解决客户难题。此外，众安智能客服还能主动迎宾，进行智能对话。众安智能客服可以作为代理人很好的助手，在节源增效上有所改善，提升了用户沟通中的引导作用，给客户带来更高效的贴身服务。

7×24h 智能机器人可以基于相似度匹配和模板引擎的双核达到90%回答率，降低80%的客服工作量。360度精准用户画像可以了解客户服务轨迹，自定义客户和会话标签，对接CRM，360度了解客户。众安智能客服能够进行全面服务质量分析，构建了数十项实时服务量化统计和分析指标，改进服务质量，提高客户满意度。众安智能客服可以解析用户关注热点，进行关键词和主题分析，掌握热点咨询，了解客户心声，改善用户体验。

在线高效智能投保：众安智能客服从承保端着手，用户只需要与智能机器人进行对话并对投保相关的选择题进行回答，即可完成投保，整个过程最短只需要一分钟。

智能客服沟通，提升理赔效率：众安智能客服理赔端设有专门与客户沟通的人工智能机器人，根据该平台披露的数据，人工智能在没有人工协助的情况下独立处理的理赔数量达到了总理赔数量的四分之一。

基于用户数据，实现价格差异化：众安智能客服对不同的用户可能会收取不同的保费费率。众安智能客服根据每个投保人的住所区域位置、信用报告数据、索赔历史数据、手机APP数据等多种类型的数据，以及所保财产的年龄、尺寸和工程质量等信息，为不同的投保人制定不同的费率。

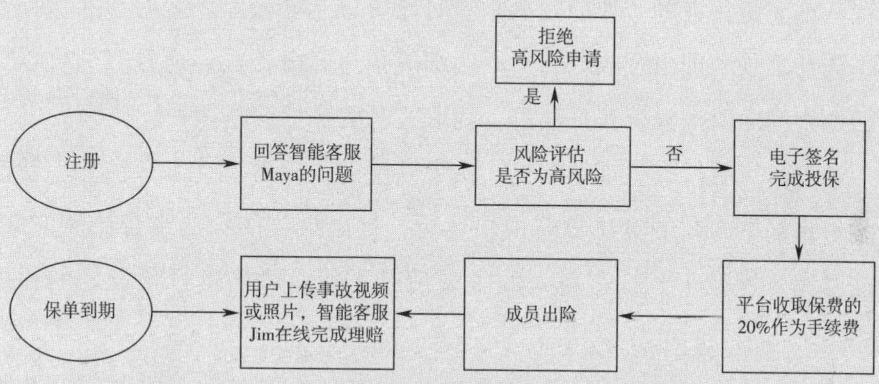

图2.6　众安智能客服流程

（资料来源：众安金融科技研究院）

（四）智能投顾

智能投顾是指运用大数据、云计算和人工智能算法等技术，根据投资者风险偏好、财务状况和收益目标等，结合现代投资组合理论等金融模型，为用户自动生成个性化的资产配置建议，并对组合实现持续跟踪和动态再平衡调整。与传统的人工投资顾问服务不同，智能投顾服务能够有效地降低投资顾问服务门槛，为中产阶级或长尾客户提供便捷、高效和廉价的投资理财和资产配置建议等服务。

相比其他投资建议形式，智能投顾具有以下四点优势。

第一，提供高效便捷的广泛投资咨询服务。智能投顾依托于互联网和APP，能够7×24小时随时响应大面积的客户需求，提供不间断的智能化财富管理的专属服务。

第二，具有低投资门槛、低费率和高透明度。智能投顾平台主要以中产阶级和低净值普通客户为服务对象，对资金的要求不会超过 10 万元，有些甚至是零门槛。而且，智能投顾平台只收取低廉的投资服务费用，国外的智能投顾平台的投资服务费率一般在 0. 25% 左右。而国内的智能投顾平台基本上是免费的。智能投顾能够对投资理念和模型、金融产品选择范围、调仓记录和理由及收取的费用明细等信息充分披露，而且客户可以随时随地查询净值等投资账户信息，获取实时的账户诊断报告。

第三，克服投资主观情绪化，实现高度的投资客观化和分散化。智能投顾平台根据内在的算法策略模块运行，提出最优的资产组合比例方案，不需要人工进行干预，避免人的主观情绪干扰，严格执行预设好的投资策略。

第四，提供“千人千面”的个性化财富管理服务和丰富的定制化场景。智能投顾平台能为用户提供个性化风险测评，并依托平台背后的大数据和云计算平台，分析投资者的交易风格、生活习惯等特征，对投资者进行精准画像分析，提供与之匹配的专属资产配置组合，做到“千人千面”的个性化财富管理。

智能投顾服务不仅是简单的线上基金销售服务，智能投顾的服务价值链条如下：第一步，了解你的用户，对用户进行深度画像分析；第二步，自动生成投资建议或资产配置方案；第三步，系统自动审核投资建议和资产配置方案，以便保证服务满足适当性管理等要求；第四步，自动交易执行（或提示客户下单执行），保证交易成交的合理性；第五步，投资组合的再平衡调整；第六步，投资组合的持续跟踪和绩效评估。而线上基金销售服务仅仅涉及简单的线上风险承受能力测评和线上基金购买两步服务流程。

从运营机构的类型来看，智能投顾大致分为三类：第一类为初创型智能投顾服务公司，这些公司业务往往集中于提供智能投顾服务，有面向机构和面向个人两种业务模式；第二类为传统互联网金融公司，互联网金融公司的优势在于长尾客户流量充足，提供升级版的在线投顾服务，应用于基金公司的基金理财产品投资；第三类为传统金融机构，这些机构具有先天的强大研究或销售能力，能够整合集团资源、客户基础和技术平台，提供面向全球市场的各类金融资产的大类资产配置服务。

商业银行智能投顾类创新产品的出现使产品丰富度大大提高，差异化资产配置服务和远优于线下的零售服务让客户有更多选择空间。商业银行通过智能投顾解决方案，采用多层神经网络，实时采集重要经济数据指标，并不断学习优化，采用合适的资产分散投资策略，可实现大批量的不同个体定制化投顾方案，以不追求短期的涨跌回报、而期望长期的稳健回报为目标，进一步深刻践行银行长期服务客户的理念，让大众均可享受专属资产管理服务。到 2019 年，招商银行智能投顾产品“摩羯智投”已拥有 20 万客群，管理资产规模超过 129 亿元。

智能投顾最初起源于美国，在 2008 年金融危机发生不久后首家智能投顾公司 Betterment 于纽约宣布成立，随后智能投顾业务在美国开始了井喷式发展，Wealthfront、Personal Capital、Future Advisor 和 Schwab Intelligent Portfolio 等专注智能投顾业务的第三方金融机构或传统金融机构的智能投顾业务也相继涌现。Statista 数据显示，全球范围智能投顾名下的资产管理规模近年来持续增长，2018 年底的总资产管理规模达到 5431.88 亿美元，并于 2018 年达到最高的增长率 126.3%。根据 Statista 在 2019 年 2 月的预测分析，全球范围的智能投顾资产管理规模在 2019 年将高达 9805.41 亿美元，预计 2019 年将继续保持 80.5% 的超高增长率，在 2019—2023 年期间仍将以 19% 的高复合增长率增长，并将于 2023 年底达到总规模 25522.65 亿美元。同时，Statista 认为用户数量及渗透率会稳定增长，预计到 2023 年，用户数量会增加到 1.47 亿人，渗透率会接近 2%。

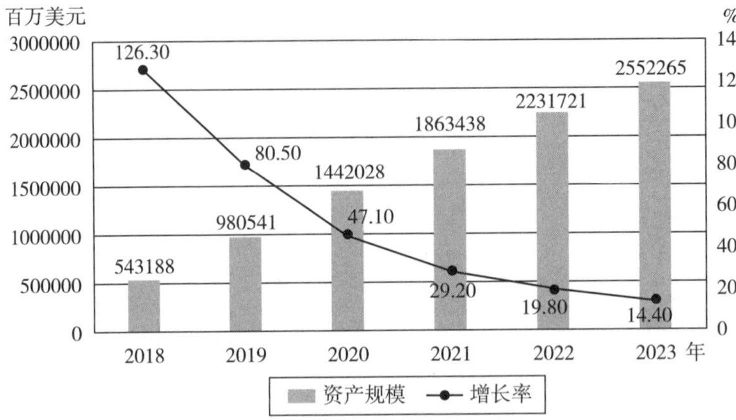

图 2.7　全球范围内智能投顾资产管理规模和规模增长率

（资料来源：Statista）

美国市面上的智能投顾产品主要来源于第三方互联网金融公司和传统金融机构两类。第三方互联网金融公司主要有 Betterment、Wealthfront 和 SigFig 等，传统金融机构有 Charles Schwab、Vanguard 和 JP Morgan 等。近年来，美国智能投顾行业的发展呈现了良好态势，各大智能投顾公司的资产管理规模都在稳步快速提升，占总资产管理规模的比重也在逐年上升。传统金融机构在客户基础、客户资源和投顾服务专业化等方面存在明显优势，因此相较于 Betterment 和 Wealthfront 等第三方互联网金融公司，传统金融机构的智能投顾产品在管理规模体量上后来居上且已优势巨大。

2015 年智能投顾产品开始在国内兴起，现在市面上的智能投顾产品大致可以分为三类：第一类为以理财魔方、盈米财富、璇玑智投、蓝海智投、弥财等为代表的初创型智能投顾服务公司，这些公司业务往往集中于提供智能投顾服务，有 to B 和 to C 两种业务模式，现阶段 to B 端的初创公司运营状况要好一些；第二类为以蚂蚁聚宝、宜信 RA、京东智投、百度股市通为代表的传统互联网金融公司，互联网金融公司的优势在于长尾客户流量充足，提供升级版的在线投顾服务，主要的产品供应范围是国内各

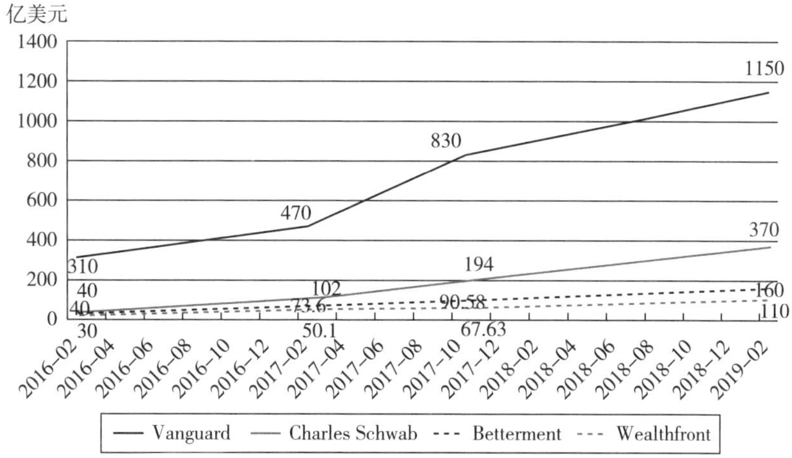

图 2.8　美国各公司的智能投顾资产管理规模

（资料来源：Statista）

家基金公司的基金理财产品；第三类为以广发证券贝塔牛、招商银行摩羯智投和嘉实基金金贝塔为代表的传统金融机构，这些机构具有先天的强大研究或销售能力，能够整合集团资源、客户基础和技术平台，提供面向全球市场的各类金融资产的大类资产配置服务。

艾瑞咨询的统计数据显示，中国范围内的智能投顾资产管理规模在 2018 年底已保有约 2546. 9 亿元，在 2018 年有着 147% 的超高增长率，并预测中国范围内的智能投顾资产管理规模将继续保持高增长模式，预计在 2019 年达到 3466. 6 亿元人民币，继续维持 103. 1% 的超高增长率，至 2022 年的总规模将高达 7370. 5 亿元。

尽管各大机构都预测未来智能投顾行业的潜力巨大，2015 年国内智能投顾服务兴起，2016 年和 2017 年迎来了爆发式发展，传统金融机构也纷纷试水推出智能投顾服务，但因为缺乏明确的业务模式和定位不明确等因素，近一年来智能投顾行业迎来了一段小寒冬，造成低潮期的原因有以下四点：

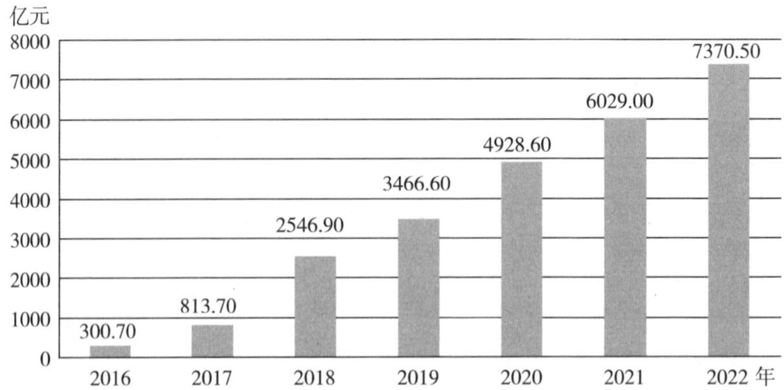

图 2.9　中国范围内的智能投顾资产管理规模

（资料来源：艾瑞咨询）

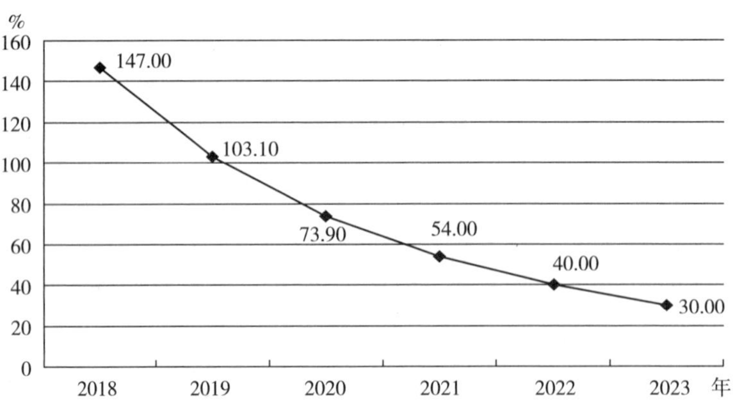

图 2.10　中国范围内的智能投顾资产管理规模增长率

（资料来源：Statista）

第一，国内投资者对智能投顾概念的接受程度不高，智能投顾服务没有得到市场的足够认可。国外的智能投顾服务多数是提供以廉价 ETF 基金为底层资产的大类资产配置服务，而目前国内投资者对资产配置的概念模糊，参与资本市场的投资者偏向于股票交易，A 股投资者结构大部分仍以散户为主，热衷于主题概念炒作和听取内幕消息操作等方式，而热衷于理财的投资者更倾向于购买一些固定收益类的理财产品，对多种 ETF 基金的资产组合配置服务不太接受。

第二，在大数据、云服务器等基础设施方面的建设不完善，造成智能投顾的智慧化程度还未成熟。理想状态下的智能投顾服务是能给不同投资者提供千人千面的个性化投资建议和资产配置服务，但由于在了解客户信息的大数据方面的信息量不全或获取手段不足等限制，目前绝大部分智能投顾服务在了解客户方面只是进行简单的风险承受能力分层，根据在线填写简单的风险承受能力测评问卷，判别投资者的风险偏好，推荐不同的资产配置组合或基金产品。

第三，国内智能投顾的业务逻辑和盈利模式不明确，在模型算法、服务功能和用户体验上仍存在较大的改进空间。目前国内的投资顾问服务还处于卖方投顾阶段，容易发生与投资者利益冲突的情形，而国外已存在多年的买方投顾模式还未能在国内普及，国外市场经验表明，智能投顾服务成功跟买方投顾模式是息息相关的，买方投顾模式能够有效绑定投资顾问和投资者，保持双方的利益一致性，从而赋予智能投顾服务明确的商业逻辑和业务盈利模式。

第四，国内监管层对智能投顾方面的监管法规不明确，行业存在一定的法律合规风险。智能投顾业务主要包括投资咨询、证券交易、理财顾问等方面，涉及不同金融领域的监管，目前可适用的法规比较分散且界限模糊。特别是证券投资咨询（顾问）牌照和资产管理牌照的分开管理制度，导致智能投顾服务中的重要环节“再平衡调整”无法实现自动化实施，较大抑制了智能投顾行业的发展。

有两种发展模式适合智能投顾服务的未来市场趋势，一种是提供相对标准化、简易化、易于理解的投资产品，更多满足投资者同质化的投资需求，适合互联网金融公司和初创型公司。另一种是利用线下投资顾问数量多、营业网点布局广泛等优势，通过“线上 + 线下”结合的方式满足投资者个性化的投资需求，适合传统金融机构。

传统金融机构具备大量的专业人工投顾基础，通过人机结合方式，适量的线上智能投顾服务根据客户个性化的需求建立投资组合并自动调仓，能有效降低人工投顾的成本，而线下人工投顾，可以针对投资者不同的需求对投资组合进行解释、调整甚至监控等。智能化“冰冷的”机器服务配上“有热度的”线下人工投顾，个性化的智能定制配上专业人员单独的讲解，实现客观的人工智能决策配上人工投顾的定性分析，从科学性和可接受性两个方向入手开拓业务，一定程度上是传统金融公司合适的发展方向。虽然当前智能投顾业务由于缺乏完善的监管体系和类似美国 RIA 的合理业务牌照，无法满足大多数金融机构代客理财、代客调仓等功能，无法为投资者提供全权委托服务，但是可以尝试逐步开展类似以风险偏好或者投资目标为导向，满足投资者个性化投资要求的智能投顾业务。智能投顾与人工指导一对一相结合的业务模式，可作为买方投顾的试验田，对不同层次客户服务要求收取不同层次的投资顾问咨询费用。

互联网金融公司和初创型公司通常是以互联网为载体，提供低成本、简单易懂、低门槛以及高透明度的服务。这种模式的发展趋势是在逐步增加个性化的基础上，向简易化和产品化方向发展。这种发展方向既可以满足客户更多的个性化需求，吸引客户，又可以将服务方向和成本投入控制在可操作范围内，一定程度上适合互联网金融公司在智能投顾业务方向的发展。虽然当前第三方互联网金融公司存在投顾牌照发放速度缓慢、专业投顾人数缺乏和监管严格限制创新服务等问题，但可通过简易化和产品化、分服务层次、设置不同的投资目标来满足投资的个性化需求，通过与基金公司合作构建 ETF 基金投资组合来增强产品的透明度和降低投资组合的中间费用，向不收 ETF 基金管理费只收投顾咨询费用的方向转移。同时，第三方财富公司也可以根据自己对于目标客户群体的定义不同，进行服务费用制定、产品设置等方向的特色化处理。

案例专栏　广发证券智能投顾“贝塔牛”

2016年6月，广发证券财富管理部主导的智能投顾“贝塔牛”项目正式上线，标志着广发证券正式进军智能金融领域。智能金融以大数据、人工智能等先进技术对金融传统业务进行拓展和创新，以其低成本、高效率、智能化等特点，开创广大中小客户服务的新模式。智能投顾“贝塔牛”是广发证券多层次客户服务体系的重要组成部分，主要用于服务广大50万元以下的中小客户和具有互联网习惯的用户。目前来看，根据客户资产规模，广发证券的财富管理体系由四个层次构成，包括50万元以下的富裕阶层客户、50万元到500万元的大众富裕阶层、500万元到5000万元的高净值客户以及5000万元以上的超高净值客户，对于资产规模在50万元以下的中小客户，广发采用收费低廉的智能投顾对接服务，而对于500万元以上或者更高净值的客户，广发采用收费较高的人工投顾进行服务，这种做法一方面可以缓解人工投资顾问数量不足的瓶颈问题，另一方面也可以让中小投资者在低成本的条件下，同样获得较为专业化和个性化的高效金融投资顾问服务。

广发证券“贝塔牛”包括“贝塔牛股票”和“贝塔牛理财”两部分。贝塔牛股票采用大数据挖掘以及广发证券金融工程团队的选股策略，帮助中小投资者在股票市场中获得稳定的收益，贝塔牛理财主要使用国内外ETF基金为中小投资者构建大类资产配置组合。

贝塔牛股票平台目前已上线选股策略包含以下四个，供具有不同投资偏好的投资者选择：(1) 综合轮动，擅长风险控制，综合多指标全方位选股，追求收益与风险平衡；(2) 价值精选，擅长蓝筹精选，识别各行业内具有相对估值优势个股，追求稳健收益；(3) 灵活反转，擅长布局抄底，筛选市值较低且具有相对超跌特征的个股，追求大幅反弹的机会；（4）仓位择时，用户使用“机器人智能选股”得到推荐的股票组合之后，每日将根据择时信号的综合结果，收到推荐的持仓比例。择时信号是参考广发证券金融工程团队自主开发的“量化择时系统”给出的，模型每日将自动更新择时信号，“机器人选股平台”根据信号多空占比情况给用户推送每日持仓比例建议。

贝塔牛理财包括小白理财、智选基金、智能定投和智能组合板块。小白理财是货基策略，通过精选市场中的货币基金，收益长期领先于货币基金指数，属于灵活性理财工具。智选基金是利用大数据精准画像和匹配的功能，通过对投资者的投资行为数据进行充分分析，了解投资者的投资偏好，并基于此向投资者精准推荐感兴趣的基金。这一类业务主要针对具有一定的投资能力且有特定类别基金研究经验的投资者，帮助他们更好地选择基金进行财富管理。智能定投通过精选低估值定投产品，主要针对具备财富管理意识，希望获得长期稳定收益而又不清楚如何投资的投资者。智能组合功能提供不同风险等级下的资产配置组合服务，结合投资者的风险承受能力等级，分为三个等级，第一个风险等级为低风险现金理财，包括月盈宝等；第二个风险等级为中低风险策略，包括风险平价和全球猎手；第三个风险等级为中风险，包括行业轮动和广发三剑客。智能组合属于复杂的资产配置组合，在金融模型方面，后台选择传统的马科维茨最优化模型（MVO），并在此基础上，使用市场均衡配置作为先验，融入投资者的观点作为后验，利用均值方差优化找到最优配置，也即 BL 模型，再结合客户画像分析，向客户提供个性化投资建议、大类资产配置方案和具体的产品配置明细。

（五）智能在线理赔

传统查勘定损、核价核损环节需要大量人力完成，面对大量理赔案件，客户快速理赔的需求和险企风险把控的高标准几乎难以同时实现。人工智能的应用，使得机器替代人类进行高精度的自动化作业成为可能。基于图片识别、生物识别、情绪识别等人工智能技术，保险的风险管控更加智能化。风险预警和风险管理的方法手段逐步由“纯人工”向“智能规则”演变；机器学习和深度学习的深入应用，使风险识别的精准度更高、更有效。

一些保险公司针对特定的服务场景推出了定制化的智能在线理赔服务。例如，平安产险的智能闪赔对车险理赔的端到端流程全面梳理与优化，覆盖从报案调度、查勘定损、核损核价、理算核赔到结案支付的理赔全流程，使车物定损、人伤定损精准高效，可以帮助保险公司解决欺诈渗漏多、效率低的问题，为保险客户提供极致的车理赔服务体验。应用先进的图片识别技术，通过对车辆受损图片的智能识别，自动判断损失的车辆型号，识别损坏的外观部件及 23 种不同车辆损失程度。基于图像识别的结果，匹配后端数据库，自动定价，实现“秒级”定损。目前适用案件的定损准确率超过 90%。平安产险应用智能闪赔后，极大地缩短了案件处理时间，审核人力减少 30%，共处理车险理赔案件超 2500 万件，日均管控渗漏近千万。

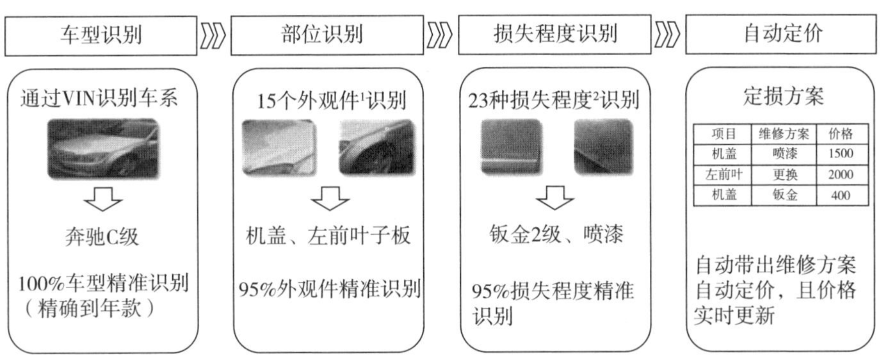

1. 含前后保险杠、左右前门、左右后门、左右前叶、左右后叶、左右底大边、引擎盖、后箱盖、车顶等。
2. 含油漆、部件、钣金等损失程度。

图 2.11　金融壹账通智能图片识别

（资料来源：平安集团）

智能闪赔不止应用于平安产险，也通过金融壹账通对全行业输出共享，目前已经与超过 20 家保险公司合作。以下是两家保险公司的应用效果。

注册地在西部的某财险公司，存在定损效率低（缺少基础数据，定损数据不全，案件标准化程度低）、客户体验差（作业自动化水平低，大量重复审核，流程繁琐时间长）、风控缺乏系统化支持（以人工为主，主观性强、效率低）等痛点。上线智能闪赔全平台产品后，优化原有理赔流程，强化过程管理，管控理赔风险，减损率提升 37%，结案周期缩短 28%，车均定损金额减少 426 元，车均配件金额减少 520 元。

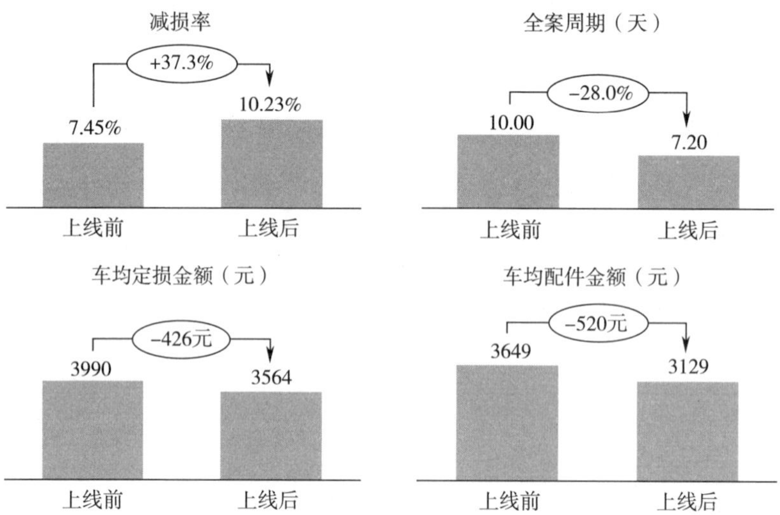

图 2.12　西部某财险公司智能闪赔应用效果

（资料来源：金融壹账通）

总部在深圳的某财险公司，面临定损效率低（每名查勘员每天只能处理 3 ~ 4 个案件，全案周期 >7 天）、赔付成本高（配件和工时数据覆盖率低，导致大量渗漏，如品牌保险杠赔付约为成本价的 3 倍）、风控手段缺失（无欺诈识别模型）等痛点。为解决这些问题，客户上线智能车定损和智能反欺诈产品，应用一个季度后，减损率提升近 40%，欺诈案件触发率降低超过20%。

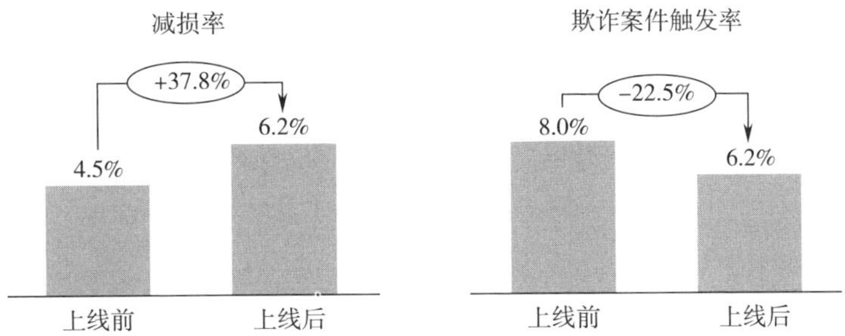

图 2.13　深圳某财险公司智能闪赔应用效果

（资料来源：金融壹账通）

二、金融机构业务中台场景应用

（一）智能投资

1. 定义及行业应用

智能投资作为金融科技在资产管理领域中的一种应用，即利用人工智能手段辅助金融交易及投资决策。智能投资基于传统金融模型，收集分析市场实时动态大数据以及生产、经济中存在的海量信息，结合人工智能、云计算、大数据等技术，提炼隐藏在数据中的规律并自主优化模型，服务于投资研究、投资决策、交易管理和风险管理等环节，可预测未来投资标的发展趋势，或对风险进行预警，以优化投资决策并实时汇报及调控风险。同时，智能投资可降低交易成本及风险，提高投资研究的效率及准确度。因此，智能投资逐步成为金融机构实现利润扩张的突破点。

智能投资较传统的投资模式有三方面优势。

一是智能投资可提高工作效率。发挥计算机快速处理大量信息的优势，智能投资研究可帮助分析师搜集行业信息，辅助尽职调查，提高工作效率。辅助研究人员发现和预警风险。

二是智能投资可降低成本。智能投资相关平台或模型的开发成本虽高，但复制推广和运营成本极低。智能交易则可辅助交易人员布局交易模式、金额等策略，寻找交易最佳时机，可降低交易成本。

三是智能投资可促进理性交易。分析师、交易员等会因情绪等因素在交易过程中做不到完全理性，可能产生交易失误，导致投资损失。程序化的机器则可避免这种不理性的行为，以纯理性思维应对市场。

资本市场投资流程可简单分为投资研究和投资交易，因此智能投资类产品应用可分为智能投研类产品和智能交易类产品。

智能投研主要从市场宏观和微观的角度出发，从经济周期、经济规律、市场规律入手，涵盖行业轮动规律与状况，深入了解公司基本面，发现各事件对公司价值的影响，挖掘潜在的投资机会。智能投研对于基金公司而言可辅助或智能筛选投资标的。智能投研可为基金公司在宏观因素、行业研究、公司研究等方面提供智能技术支持，并提供和优化投资模型。

在筛选投资标的的过程中，机器首先智能化搜集大量公司发布的公告或者媒体发布的新闻，以此作为研究的基础。然后，结合人工智能、深度学习等技术，让机器学习帮助人类解读这些公告和新闻，从中抽取结构化信息、图表信息、账目信息、并购对象等辅助投资决策信息，并以结构化的形式呈现出来。之后，利用抽出的数据构建知识图谱，并利用因子分析模型进行数据分析处理。最后，形成智能化自动化的投研报告，辅助投研人员进行决策。

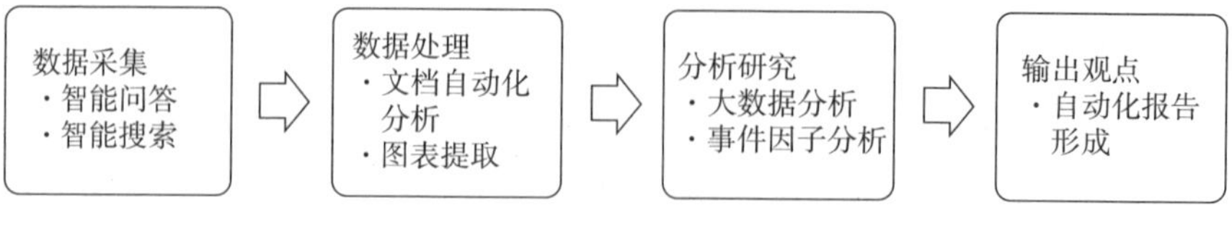

图 2.14　智能投研流程图

智能交易是指由电脑模拟交易员的下单操作进行机器交易的过程。智能交易按照预先设置好的交易模型和规则，根据市场行情和信息触发交易机会，由计算机瞬间完成组合交易指令，实现自动下单。

首先，利用现有投资经验、投资策略、交易策略及新增数据归纳与设计交易模型和规则，写入程序。然后利用机器实时搜集市场信息即机器盯盘。若程序收集到的市场信息达到交易触发标准，则可执行组合交易。在应用中可根据新交易结果优化交易模型程序，再投入使用。

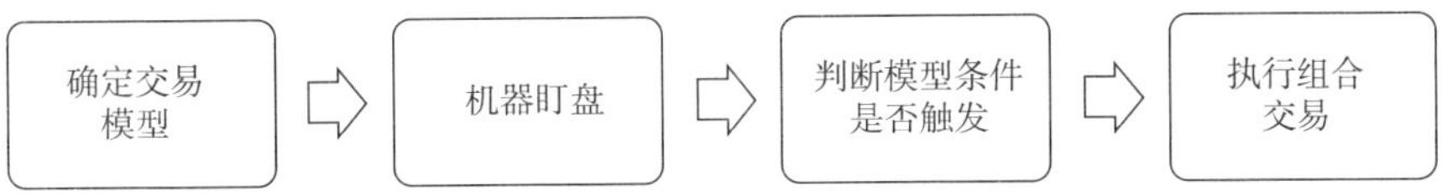

图 2.15　智能交易流程图

智能投研因技术难度高，其发展态势缓慢，目前只是初露雏形。现阶段在交互体验、数据动态关联、深度学习能力方面已经相比传统投研工具有质的飞跃，利用智能研报、图谱、智能搜索、语义识别等技术已经可以自动实现上下游产业链分析、智能财务模型、热点事件影响分析等功能。

大型资产管理公司近年来逐渐关注高科技手段在选择行业分析与选择投资标的时的辅助作用。在机构投资研究的过程中，大数据、自然语言处理及光学字符识别等技术应用于收集宏观金融数据、阅读财务报表等方面。表 2. 2 为部分大型资产管理公司智能投研发展现状。

表 2. 2　　部分大型资管公司智能投研发展现状

公司/产品名称	年份	产品介绍
美国贝莱德阿拉丁平台	2000	贝莱德的创始人组建了贝莱德解决方案公司，并开发出了一个被称作"阿拉丁"的风险管理系统。目前该系统已整合为一体化的投资交易风控平台，叫作"阿拉丁平台"。这个平台将风险分析、投资组合管理、交易以及操作工具结合在一个平台上，可涵盖所有资产类别，且具有完整的投资流程，能够辅助基金经理进行投资决策，并有效地管理风险和高效交易。

续表

公司/产品名称	年份	产品介绍
易方达基金方舟智能投资工作站	2018	研发方舟智能投资工作站，用于集成多方面智能投资解决方案，其中包括 Ark. Bond、Ark. Leo、Ark. ESG 等产品。其中 Ark. Bond 用于辅助固定收益类产品研究与投资；Ark. Leo 用于辅助进行资产配置研究；Ark. ESG 用于 ESG 责任投资方面研究。
天弘基金鹰眼系统	2016	研发并设计的鹰眼系统通过实时抓取互联网信息，利用智能分词、情感学习等机器学习技术实现对债券主体、上市公司、行业动态、存款风险、债券折算率变化、债券等级变化、公司关联关系等互联网舆情变化进行实时监控，可以模拟人脑阅读新闻，对自动爬取的新闻进行准确分词和情感分析。

资料来源：根据网络新闻整理。

科技公司重点开发智能投研平台或重点解决智能投研某一环节的技术，往往已推出相应平台或服务。表 2.3 为部分科技公司智能投研发展现状。

表 2.3　　部分科技公司智能投研发展现状

公司/产品名称	成立年份	产品介绍
Kensho 公司 Warren 搜索引擎	2013	智能问答解决投资标的未来预期收益等投资问题
Palantir 公司 Foundry（Metropolis）平台	2009	整合多源数据，将不相干的多个信息置于一个统一的定量分析环境中，构建动态知识图谱
通联科技公司萝卜投研平台	2018	向个人用户、企业用户提供重要投资线索，提供数据自动更新、异动监控与智能提醒服务还可支持各类数据穿透的自动化研报，并提供个股财务估值分析工具
同花顺公司 iFunD 平台	2016	提供舆情监控，数据提醒业务，应用于 A 股研究

资料来源：根据网络新闻整理。

资管公司的智能交易发展演进过程是从自动化交易到算法交易（主要指量化交易）再到智能交易。大型资管公司更专注提高投资收益和降低交易成本，科技公司则搭建平台，提供不同的智能交易算法程序。国际上，

UBS（瑞银）已开发出智能交易系统，并已投入使用；Forex Advisor 提供外汇市场的智能交易。对冲基金常利用量化策略进行资产交易。这些对冲基金往往由著名大学数学、统计等领域的教授或博士初建并发展，将量化交易融入多种资产组合中。如 Two Sigma、Renaissance Technologies 对冲基金在建立基金时就已用量化策略指导资产交易。

2. 难点与挑战

智能交易策略因模型管理不足等因素而致成功率低。Marcos López de Prado（2018）通过观察失败与成功的量化对冲基金，发现对冲基金失败原因如下：量化策略一成不变、用相同测试数据回测模型追求正确率、没有关注与人类生物钟相关的时间间隔（如开盘交易量大，中午交易量小，但机器没关注到这种规律）、追求时间序列平稳性而丢掉了一些时间序列特征、固定时间期限标签、同时学习并决定买方卖方与交易量、追求高召回率而设定多重标签（Meta－labeling）、交叉验证有缺陷、前进分析法回测只测试了历史数据一种情景、回测过程中有过度拟合问题。

机器学习得出的模型不能完全适应新常态。国内经济环境与历史数据的经济环境背景不同，现阶段经济、金融发展速度放缓，经济下行压力大。而进行机器训练使用的数据多为经济快速发展时期的数据，不能完全覆盖或符合现有的经济情况，一致模型对于当下经济形势与金融形势的拟合与预测准确性受到相应影响。

现阶段智能投资不能对极端或未知情况进行自动化处理。学界的研究中往往对数据进行缩尾处理，以剔除极端数据。由非极端建立的模型并不能很好地解释及应对极端情况。但现实市场交易中会遇到极端情况，此时利用现有模型，可能会做出错误决策。此外，传统机器学习都是基于历史数据进行建模，对于未知的事件不具备响应能力。而金融市场是一个复杂多变的市场，新事件和新业务形态层出不穷，这也影响智能投资的应用。

智能投资风险主要集中于两个方面：金融风险和业务风险。表 2.4 为一些智能投资风险及其产生的原因。

表 2.4　　智能投资风险及其产生的原因

项目	智能投资风险类别	产生风险的原因
金融风险	投资风险	金融资产普遍存在风险。行研成果在应用时如遇突发事件则不能完全保证行研的时效性、准确性。
业务风险	模型错误风险	数据搜集不全面、对历史数据的过度拟合等原因可能导致模型归纳错误。
	新技术应用风险	金融机构还未在新技术的应用过程中构建出完备的风险管理机制，因此尚不能很好应对某种特定的极端风险。

人工智能正在向更为复杂的投资领域迈进。公募基金也在关注着这一领域变化带来的投资机会。华夏基金已将人工智能相关技术用于基金的投资决策流程，华夏基金与微软亚洲研究院展开人工智能技术合作，针对指数增强策略提出解决方案。多因子选股是最经典的选股方法，由金融企业核心数据驱动，包括以市盈率、市净率、市销率等作为选股标准。传统的量化投资会从这些数据中挖掘因子，然后对这些因子进行线性等方式加权，通过组合优化，最后形成一个多因子的优化组合，取得了显著的超额收益，实盘结果令人振奋。

人工智能基金并不是一只由人工智能全权管理的基金，在基金管理中，人工智能更多充当的只是一个辅助角色，人工智能通过自身的技术优势帮助基金经理更好、更快地进行投资决策。人工智能基金既结合了华夏基金投研团队多年的投资管理经验及基金经理本身的专业能力，又结合了微软亚洲研究院多年来在科技领域的技术积累，是人工智能和人脑智慧（HI）的结合。

首先，比较大的挑战来自数据模型和算法。怎么能够让数据变得更加有效，能够识别出来机会和风险。

以实践操作为例，比如在做智能研究时，从技术上来说人工智能有自然语言处理的能力，事实上它可以搜集到很多新闻，而且现在还能够处理很多图像，但是从基金公司本身来说是不全面且稳定地具备这些数据源的。以美国为例，过去 5 年，美国的研究者想研究海洋馆等一系列的消费情况，也就是文化娱乐消费，就在海洋馆的停车场放置了一个摄像头，这个摄像头可以抓取每天进来多少车，车里面有多少人。所以，在实操的层面，需要创造这种数据源，这样才能够真正使这些数据源应用到人工智能的实践当中，这些是目前智能投资研究面对的比较大的挑战。

其次，人工智能 + 金融还面临一个挑战，就是需要全社会，无论是政府还是企业，对它进行深入持续的研究和投入，而不是仅仅当作一个话题或者风口。现在市场上大家都讲千人千面、智能投顾，需要认真仔细地研究过数量庞大的样本，才能够累积千人千面的知识库和数据库，同时建立一个较为有效的千人千面模型。所以从中长期看，人工智能需要坚持不懈地投入精力和资源，不断开展基础性研究才可以最终为金融领域的发展作出实质性的贡献。

最后，具有金融领域经验的科技人员不足。金融领域具有较多的专业知识，科技人员往往接触较少，不能充分将金融问题和科技相结合，造成具有金融领域知识的复合型科技人才短缺。金融科技复合型人才，首先是能够同时掌握金融业务知识和互联网技术的人才。他们既需要掌握数据的量化分析、金融产品的定价及风险防范等金融业务知识，还必须具备互联网思维，对互联网有全面和深度的了解。

3. 政策建议

一是鼓励行业技术发展，提升智能化水平。利用不断增长的数据量训练程序，优化现有模型，提高精准度。随着智能硬件的升级以及电子化在各行各业的普及，联网设备日益增加，数据量不断扩大。更加立体的新增数据将训练现有程序，提高程序对信息的理解力，并优化智能投资的服务，提高行研准确度和风险识别精准度，降低交易成本。

二是促进大型公司与初创公司之间深化合作。大型金融机构与技术型初创公司进行合作可较快获得智能投资技术支持，一些美国大型金融公司进一步以收购技术型初创公司的方式进入智能投资领域。在合作中，大型金融机构借助技术型初创公司的现有基础，并加入自身金融数据优化算法。深化合作将提高双方开发智能投资技术和优化现有模型的效率。

三是更加重视科技安全。技术的发展是螺旋上升的过程，新兴技术具有一定程度的不稳定性，需要及早考虑安全隐患并防患于未然。大型金融机构进行大量资金的交易，因此更需将错误率降到最低。新技术在发展阶段仍存模型不准确等技术风险，因此需要加强人的监管，让人工智能与分析师智慧的应用平衡发展。同时，大型金融机构应时刻重视数据的安全性。现阶段，大数据是智能投资的一大组成部分，为机器学习和后续步骤提供基础。在数据收集阶段应关注数据来源的准确性、全面性，规避数据篡改、二次加工等不安全因素；在数据处理、输出等阶段应关注数据的安全存储、备份。

案例专栏　易方达“乌鸦”智能分析系统精准预测债券违约事件

易方达基金在固定收益的投资研究中，利用人工智能技术，为研究员提供固定收益投资建议及风险预警提示。

在固定收益投资领域，信用评级中的债券违约研究是非常核心和关键的步骤，乌鸦债券违约预测系统（以下简称乌鸦系统）是易方达针对债券违约事件研发的人工智能预测系统。

乌鸦系统利用人工智能技术，使用债券市场上已经违约的债券发行人进行训练，经过训练之后获得违约预测的能力，然后对 4500 家以上的债券发行人进行分析和预测，针对每一家债券的发行人都能给出一个潜在的违约概率。乌鸦系统对潜在违约概率较高的发行人进行风险提示，被标记为风险主体的债券发行人不到所有发行人的三分之一。

在2018年9月初次上线至当年年底，共有20家发行人首次发生实质性违约，乌鸦系统命中17只，乌鸦系统给出的风险警示名单能够预测85%以上首次发生债券违约发行人。随着违约债券的增加，乌鸦系统也在不断地学习进化，违约预测能力每年都有一定的提升。在2019年，进化后的乌鸦系统在测试集中能够预测90%以上的发行人，截至2019年8月，2019年发生首次违约的发行人被进化后的乌鸦系统100%命中。

在现有的固定收益投资流程中，加入人工智能违约预测系统之后，能够在扩大投资范围的同时减少信用研究员的压力，可以提高公司整体的投研能力。

案例专栏　华夏基金携手微软亚洲研究院打造智能投资新模式

华夏基金2017年开始与微软亚洲研究院进行深入合作，在大量研究与测试后，双方最终选择在量化投资这个领域展开合作，并将“AI+量化投资”模式作为切入点。利用基于人工智能的量化交易模型，华夏基金的指数增强型产品在沪深300指数、中证500指数上都取得了非常好的结果。这次合作不仅让华夏基金的数字化转型从“互联网+”走向真正的人工智能驱动，从战略研究层面让人工智能在金融投资领域得以大展拳脚，而且，华夏基金和微软亚洲研究院还探索出了一套“AI战略研究合作模式”。

利用基于人工智能的量化交易模型，华夏基金的指数增强型产品在沪深300指数、中证500指数上都取得了非常好的收益测试结果。在2016年到2018年的历史回测中，该模型在同类产品中的表现遥遥领先：在控制偏离度、限制成分股的前提下，沪深300指数增强业绩可以排到可选竞争组第二位，中证 500 指数增强业绩则位列可选竞争组的第一名。

更重要的是，2019 年 3 月华夏基金尝试将该策略在实盘中进行运作。截至目前，实盘运行的两个策略在同业可比指数增强基金中始终排名前列。截至 5 月底，沪深 300 指数增强策略排名同业第一位，超额收益超过 4%，中证 500 指数增强策略排名同业第二位，超额收益超过 6%。

用“AI + 指数增强”的机器学习模型替代传统的量化交易方法，让华夏基金的量化交易系统实现了核心引擎的更新换代，真正迈出了进入智能投资时代的第一步，这也意味着 AI + 金融投资有了深度融合的新起点。

随着合作的不断深入，未来在投资环节落地的人工智能应用场景将会越来越多，结合微软亚洲研究院多年来在个性化推荐、数据智能等领域的人工智能技术积累，无疑将开辟另一片新兴的“AI + 金融应用”领域。

（二）智能信用评估

小微企业融资难、融资贵一直是我国金融业发展与监管的重点和难点，同时也是世界级难题，这当中，一个核心难题就在于，小微企业贷款如何控制风险，如何可持续健康发展。技术正在一步步解开难题。智能信用评估通过建立丰富的授信决策规则，针对不同场景、不同信贷生命周期的客户，通过授信决策规则的不同组合，形成差异化的授信准入、额度和定价策略。

首先是业务准入策略。借助互联网技术，可以根据不同场景的特点，制定账户安全规则、黑名单规则等准入策略；针对客户所处信贷生命周期进行客群分层，区分曾支用客户、已准入客户、首次准入客户等，对于不同的客群调用各类准入规则，并在统一的风险容忍度下，安排差异化准入策略。此外，在客户支用贷款时点，实时采集数据，结合盗、冒用风控模型，对风险客户进行实时支用拦截，有效防范欺诈风险。

其次是授信额度策略。基于数据状况、生命周期、场景需求进行动态化额度管理，根据客户实际经营流水、季节周期性及经营需求等进行偿债能力和偿债意愿的评级，综合判断初始授信额度。同时，基于客户信贷使用行为和综合信用评分，对客户授信额度进行动态管理，针对风险较低额度需求较高的客群进行额度提升，针对风险较高的客群进行降额，正向引导用户理性使用信贷产品，按时还款，注意账户安全，从而避免出现逾期行为。

最后是贷款定价策略。差异化定价是小微信贷风险管理的生命线。要实现商业可持续，就必须以风险定价为原则，对高风险客户提高定价，对低风险客户降低定价。为此，线上信用评估往往通过规则的设定，针对处于不同场景和生命周期的客户，进行差异化的定价管理。

商业银行在信用贷款领域，通过数据筛选、建模和预测打分，将不同的客户和资产分类分别处理。在贷款审批阶段，根据客户提供的详细信息，通过欺诈预测、信用评分、定价模型、额度管理等手段，评估提供服务的风险，从而采取事前风险控制手段。例如，中国银行引入人工智能、大数据分析、图像识别、生物识别等新技术，推出全流程线上秒贷的“中银 E 贷”。后续还利用人工智能技术，扩大中银 E 贷场景应用及客群范围，针对学生群体推出青春 E 贷产品，继续挖掘存量代发薪、房贷、理财客户的潜力，基于孵化机制尝试对新客群的挖掘和准入。

互联网银行智能信用评估的基础在于其对海量数据的运用。以某互联网银行为例，其线上智能信用评估通常依托经营类数据、金融类数据与外部数据，基于其 10 万多个常用指标开发了超过 100 个模型，利用各类模型判断授信过程中的关键指标真实性，其准确度通常高达 90% 以上，然后根据真实经营状况评估授信额度，使得信用风险评估更精准。

线上小微金融智能信用评估的基础在于其对海量数据的运用。以网商为例，其线上信用评估所依托的数据主要包括：（1）经营类数据，包括淘宝、天猫、B2B 等的交易和店铺相关数据；（2）金融类数据，包括转账、支付、借贷等数据；（3）外部数据，包括不同场景下的数据，例如农村场景下县域、土地、作物生产相关的数据。在用户授权的情况下，这些数据成为用户展现自己经营能力和信用状况的重要素材。

这些信息不仅丰富，而且具备实时、连续、真实性和准确性较高等特点。以网商银行为例，目前可以利用各类模型对授信过程中的关键指标进行真实性判断，其准确度通常高达 90% 以上，因为用户授权下的大部分数据都是基于现实中的交易和支付场景，并通过了多层数据验证。如在店铺交易的真实性判断中，可以利用机器学习算法进行辨别，剔除虚假交易，然后根据真实的经营状况进行授信额度的评估。这就使得风险评估变得更为精准。

金融资产管理公司通过人工智能技术的应用，将不良资产业务历史数据进行有效整合与处理，进而作为搭建不良资产估值定价模型的素材与依据，并通过新数据的导入与验证、新实践的检验与反馈，在试错与应用中不断完善与优化估值定价模型，提高模型的准度与精度。

互联网技术一方面带来风控手段的更新，另一方面也带来理念的迭代。当一个用户信息不足，难以进行全面信用画像时，我们应该预设用户为好用户还是坏用户？在传统理念中，基于风险考量，更多时候会先假定其为坏用户，拒绝提供金融服务。但是悖论在于，如果长期如此，这些用户又该如何开启自己的信用积累之路呢？在互联网时代，我们发现完全可以切换思路，先预设用户为好用户，对其开放极小额贷款，以开启其信用积累之路。一旦用户发生贷款行为，并完成履约，便有了信用积累，金融机构可逐步进行额度提升，陪伴其信用成长。

这种思路的转变并非是盲目的。小额试水的背后，是互联网技术大幅度降低了每一笔贷款所需要的运营成本。在传统情况下，一笔贷款的运营成本超过2000元，而在互联网技术下，以网商银行为例，其单笔贷款运营成本仅为2.3元，这就给予了它小额试水的空间，否则，为用户发放极为小额的贷款，是无法覆盖成本的。这种思路迭代，让新时代的金融服务更具备善意与温度，使得更多小微企业得以迈出信用积累的第一步。

技术进步并不代表着既往经验的失灵。在小微金融领域，线上信用评估模式与金融机构线下风控模式特征显著，互补性强。总体而言，线下获取的是"照片式"的客户肖像图，缺乏时序性；而线上信用评估获得的是"录像式"的客户图像，但清晰度和持续性存在缺陷。线下风控重在刺激还款意愿，对还款能力评估不足，以抵质押等事后惩罚手段提高还款意愿；线上信用评估对还款意愿缺乏控制，但对还款能力有更强更前瞻性的判断力，从而解决了小微企业信贷需要抵质押物的痛点。

表2.5 线上信用评估与线下小微信贷风控的比较

项目	线上信用评估	线下风控
信息收集	实时、连续	现场
审核方式	系统判断	人工判断
审核时效	周期短	周期长
贷中监控	自动化、高频	属地化
贷后催收	系统预测+动态管理+分层外包	本地优势+自催

智能信用评估的核心特征在于其自动化的信息处理与信贷决策过程。线上智能信用评估主要以在线的方式收集交易、支付数据，以及外部征信数据和第三方数据，数据维度多、范围广，自动化程度高，准确率也相对较高。而且，未来线上风控的数据源丰富度将持续提升，如借助物联网技术，实现线下数据的线上化。线下风控对于区域市场特点、行业景气度等中观信息的了解与熟悉程度更高。金融机构一般在某个区域、某个行业涉足较久，对区域市场与行业都较为了解，能够相对更有针对性地了解目标市场。在线上风控与金融机构的线下风控相结合的情况下，能够针对细分

市场制定更加细化的风险策略，提升风险政策的准确度。

在审核方式上，线上智能信用评估对于数据处理与判断主要依托模型与策略开展自动化审批，其数据的分析与判断的标准也依据大数法则，较为统一、确定；而线下风控依赖工作人员进行收集，由专业的风控专家依托自身的经验进行判断，标准的统一性较线上风控要低，同时也容易受到个人经验判断的影响。为了更好地实现线上线下的结合，首先可以针对额度特别大或者其他特定客群，借助人工经验和实地调查做更深入的判断，其次也可以在模型建设中，借鉴专家经验，设置经验参数，优化模型性能。

在审核时效上，一般线上智能信用评估通过调用身份认证，信用评分和反欺诈等模块进行实时审批，很多都能实现当天到账，比如网商银行一直在努力践行的 310 项目，实现了 3 分钟提交资料，1 秒钟审批，0 人工干预，给客户带来了非常方便快捷的用户体感。

传统线下银行在开展小微信贷业务中普遍存在收集信息难、控制风险难和控制成本难的多重困境，很多银行缺乏开展小微信贷业务的动力。要真正解决小微企业融资难问题，银行业需要建立对小微企业“敢贷、愿贷、能贷”的长效机制，需要大幅提升小微金融的风险经营能力，需要更精准地分析小微企业的经营和风险状况，更精确地进行风险定价，更有效地实施贷后风险监测和管理。

在小微贷款领域线上线下的合作能够促进双方在小微信贷风控领域的相互补充与相互学习，进而达到共同提高行业小微信贷能力的效果。

从数据处理和信用分析的角度看，如何利用客户的财务信息、交易信息等数据进行经营情况和信用状况分析，是各家银行风险经营中的核心竞争力，线上风控的技术能力与线下风控的经验积累需要有效融合。

增强线上线下风控合作的意愿和动力，鼓励线上线下机构以商业可持续和技术可操作的方式进行小微风控的合作，取长补短，可以共同提升银行业在小微金融领域的风险经营能力，真正解决小微信贷的商业可持续问题，为世界做出微小而美好的改变。

案例专栏　线上智能信用评估的具体应用

案例1：某青海面馆近半年销售金额20万元，通过异常交易模型识别出其中有效经营流水为15万元，经营状况较好。商圈模型识别出其位于一线城市的优质商圈，在近3公里内同类商户中排名前15%。行业经验分组为中等经验（餐饮经营年限3年），经营稳定性分组高（营业收入波动较小），结合其他生态体系内数据最终给出综合风险评级为3，属于低风险客群。结合经营行为和风险评分，网商银行对该客户开放准入，授信金额从1.2万元逐步提升至5.6万元，截至目前信用评估系统对该商户的识别和授信反馈表现较好。

案例2：一家经营布艺的天猫店铺，网商银行根据其最近几个月经营额变化的趋势，结合客户店铺的访问数据、客服登录/操作数据、投诉数据、发货量等数据预估出6个月后店铺经营仍呈增长态势，预计月销售额可达174万元，结合客户所处行业的毛利率及周转天数加以调整。此客户之前还款表现良好，企业征信无不良记录。结合其信贷产品表现和目前店铺经营状况，网商银行判断店铺属于中低风险客户，综合评估给予100万元循环使用的信用贷款额度。该客户自准入以来信用表现良好，智能信用评估系统对客户风险把握较为准确，在风险可控的前提下为客户带来了利润增长。

（三）智能风控

1. 定义与行业应用

金融的关键是风险管理，风控能力不足，就会制约业务发展。人工智能技术可以推进金融行业风险管理，带来金融风险监测技术、风险评级模型、风控策略手段的快速创新和发展，构建金融业务风险运营能力、风险动态感知能力和风险可视化能力，为信用风险、流动性风险、市场风险、经营风险等全面风险管理提供支撑，对金融业务前中后全流程风险管控提供保障。

智能风控借助人工智能技术构建基于线上的风控模型，通过海量运算与校验训练以提升模型精度，贯穿反欺诈与客户识别认证、授信审批与定价分析、贷后管理与逾期催收等金融业务流程，提高线上业务的风控能力，满足了市场发展的需要。大数据、云计算、人工智能等技术的发展与成熟，使得智能风控技术有了更强大的技术手段，提高了智能风控技术的风控效率，助推了智能风控技术的发展。

智能风控发展从最初的以大数据为基础的数据与技术服务，逐步发展到综合运用大数据、云计算、人工智能等技术构建自动化、智能化的专业服务，其发展历程契合了我国互联网金融的发展，并逐步扩展到服务传统金融机构的线上化业务，其市场规模也不断扩大。主要服务机构包括商业银行、保险公司、消费金融公司、互联网小贷公司等。资料显示，智能风控企业主要集中于北京、上海、广东、浙江等地；同时，随着监管政策的不断规范，智能风控企业的数量逐步趋稳，输出产品包括一站式服务类、技术服务类、数据服务类。在融资规模上，根据《2018 中国人工智能投资市场研究报告》，金融业在人工智能领域的投资规模为 485 亿元，其中投向智能风控领域的资金占比为 65.1%。

传统商业银行借助技术手段已经搭建起较为完善的大数据智能风控平台。中国银行已建成功能完备、覆盖全面、风控智能、运营高效的企业级事中风控体系。该体系结合内外部数据，全面采集分析身份、交易、行为等多维度金融和非金融信息，对客户、账户、渠道进行综合分析，利用专家规则和机器学习模型自动挖掘风险特征，实时评估监测并处置风险点。至今已实时监测交易总量几十亿笔，实际帮助客户挽回千万元损失。招商银行的智能风控平台“天秤系统”利用大数据分析和机器学习等先进技术，30 毫秒即可对疑似欺诈的交易做出拦截和判断，将非持卡人伪冒及盗用金额比例下降至千万分之七，为客户资金安全提供有效的保障。

证券公司通过智能风控技术实现了交易风险的在线监测。海通证券在交易风险控制领域，通过技术手段实现对交易的风险监测。以事前风控系统为例，通过 9 种监控指标的灵活配置，实现 11 类共计 24 个异常交易规则的集中识别和监控，可分别采取预警、告警、阻断等举措进行风险应对，并且能及时、主动向监管机构报送异常交易。事前风控系统在上线 3 个月后，共识别开盘集合竞价虚假申报 14 次，盘中虚假申报 3 次，日内回转 4 次。

保险公司通过智能风控技术提高理赔效率、降低欺诈风险。众安科技基于医疗知识库和医疗数据平台，通过专业风控模型，对用药、诊疗、临床医疗行为异常、责任免除等进行提示，帮助商保公司排除商保滥用、欺诈的风险，提升理赔调查和区域排查的效率，实现智能理赔和智能核保。同时运用图像、视频识别检测技术、视频追踪等技术，可在几秒至几十秒内给出定损结果，准确率达 98% 以上，可有效识别图片 PS 和重复索赔，降低欺诈风险，同时可减少定损人员 50% 的工作量。

信托公司的风险管理是指根据自身业务特点和监管机构要求对其贷款资产的各类风险加以识别、衡量和分析，对贷款风险进行控制的过程，是对信托投资收益的不确定性或信托投资资产损失的可能性的衡量。信托公司为加强风险识别建设，采用机器学习技术，对评估借款人多方位属性进行分析，建立、积累和完善数据样本，运用合适的管理方法和工具评估信托贷款风险，提高准入门槛，优化贷款质量。

金融资产管理公司风险管理工作主要分为客户评级、债项评级和风险预警。其中客户评级可以结合金融资产管理公司积累的全价值链的历史数据进行建模和分析。金融资产管理公司内部积累了不良资产全价值链数据，因此可基于这些数据利用大数据分析等智能金融技术研发客户评级模型，提高客户评级工作的科学性与准确性。中国东方资产管理公司建设并维护着国内最早的大规模跨行违约损失数据库——LossMetrics数据库，包括债务人信息、债项信息、抵质押信息、担保信息、债权评估信息、涉诉信息、财务信息、处置清收信息，涉及全国超过 10 万个违约客户，接近 25 万笔违约债权。数据来源覆盖工商银行、中国银行、建设银行三个大型商业银行及其他股份制商业银行，全国 33 个省级地区，21 个基础行业，8 类一级企业类型，违约贷款时间跨度从 1981 年至今，处置时间从 1999 年至今。该数据库的建设考虑了资产管理公司实际操作面对的具体问题，是一个涵盖不良资产成因、结构、现状、管理、处置各个方面的信息库，是金融资产管理公司开展风险管理和监测的数据基础。

2. 核心要素

在智能风控的发展过程中，数据整合是基础；模型迭代是核心；场景融合是关键。

数据整合是基础。数据的获取、处理和整合是智能风控的起点和基础。智能风控体系利用数据对风险进行管控，因此数据可获得性、数据质量及数据处理能力非常关键。这就需要金融业做到：

（1）建立数据平台，实现数据闭环管理。智能风控体系需要对采集到的海量数据进行导入、清洗、关联、分析、建模和应用等，需要构建面向“采集—分析—使用—反馈”数据闭环的大数据平台。大数据平台需要具备良好的计算性能、可靠性、水平扩展性以及支持机器学习等复杂的建模分析计算的能力。

（2）整合内部数据，加强数据治理。由于历史原因，银行内部系统众多，数据往往分散在多个独立的子系统中，彼此之间缺乏规范性，缺乏统一标准，导致数据质量参差不齐、管理复杂、数据共享困难重重。为了满足未来的智能风控体系的数据要求，整合银行内部所有数据，统一数据基础，强化数据治理，改进数据质量是大势所趋，也是用好智能风控系统的大前提。

（3）积极引入外部数据，促进内外部数据融合。在互联网金融时代，一家商业银行内部的数据显得十分有限，而积极获取外部数据（如包括风险名单信息、多头借贷与逾期信息、重要数据采集信息等），通过数据共享（采用购买、合作、共同开发等多种灵活形式）实现内外部数据有效补充，将会极大地提升数据的价值。为了提高数据价值，应与内部数据有效整合，实现统一管理。

模型迭代是核心。数据驱动的模型运用和完善是智能风控的核心。模型是智能风控的“灵魂”。在智能风控中，数据和模型是相辅相成的，有好的模型没有数据，模型成为空谈；有足够的数据却没有好的模型，数据亦无法产生价值。在做好了数据准备的基础上，商业银行需要充分利用模型辅助或替代人工，以不断提高自身的智能感知和响应能力，最终提升整体风控的水平。目前，银行智能风控中使用的模型主要有以下几类：

（1）规则引擎。即通过简单、明确的规则，辅助银行进行风险决策，如信息核验、黑白名单匹配、人脸识别等。此类模型规则简单清晰，可复用性高，在数据具备的前提下实现难度低，最容易建立稳定成熟的系统。但是此类基于规则的系统，依赖专家经验和已发生风险的事实事先创建规则，无法及时针对新的风险模式进行自动的更新。

（2）模型引擎。商业银行可以利用数据挖掘算法，将积累的大量的客户相关的数据及外部数据进行整合分析，通过机器学习模型对于高维度组合数据进行风险建模，实现风控的精度进一步提升。常用的数据挖掘算法包括关联分析、多元逻辑回归、聚类分析、决策树、神经网络等。此类模型通过数据训练模型，不断迭代优化和调整模型，在对客户的信用风险评价等应用中的精度和适用性上实现了突破。

（3）智能风控模型。此类模型利用深度学习、知识图谱等新技术、新手段，接受多种数据维度的输入（图像，语音、文本等），可动态分析信用风险、欺诈风险等，建立多角度、动态决策的风控模型，提高决策全面性、时效性和准确性。如通过采用机器学习技术，从数据中自动识别欺诈交易，总结交易模式，提升银行反欺诈、反洗钱系统的侦测率。此类模型通过不断自我改进与自我优化，自动识别新的风险模式，提升了风控体系的快速反应能力。

场景融合是关键。基于场景融合的应用落地是智能风控体系发展的驱动力。

商业银行的传统经营模式中，零售业务占比总体较低，对应的风控压力较小。相对而言，企业业务风险占比较高，使得银行现在应用新的技术和智能风控的业务比例还很低。然而，近年来进入互联网金融时代，银行为了保持竞争力和开拓新的市场，纷纷发力线上业务，包括零售消费贷和小微金融贷等业务，这些业务瞄准的目标客户是长尾客户，这些客户本身就没有太多的传统金融业务，难以采用传统的风控手段有效地进行风控管理，这就意味着银行必须要转型，用智能风控技术来支持这些业务的开展。在转型过程中，商业银行可以将基于大数据分析产生的洞察应用到信用风险、操作风险、欺诈风险等风险管理的各个领域中，通过逐步构建场景结合的应用，建立起主动预防、全场景、立体化的新型智能风控体系。

3. 发展挑战

智能风控充分利用了现有的大数据、云计算、人工智能等技术服务于金融市场各相关机构，取得了良好的风控效果，同时也带来了数据滥用、技术不透明等问题，需要参与各方合作解决。主要挑战如下：

一是数据与隐私保护问题。智能风控运用收集到的各类个人数据，包括金融数据、社交数据、电商数据、公共数据等。在应用过程中，对提高风险防控能力是毋庸置疑的，问题在于这些数据包含了各类个人隐私信息及敏感数据，流转于各类机构间，如何保证数据安全、保护个人隐私是需要重点关注的问题。

二是公平、公正、透明问题。智能风控技术使用个人数据建立各类策略、规则、模型，以提高风控能力，如何保证对个人权利的保护，实现公平、公正、透明的目标，避免歧视、误导及黑箱操作的出现，最终赢得公众信任是监管当局和市场参与机构要面对的问题。

三是智能风控的技术安全风险问题。智能风控广泛应用了大数据、云计算、人工智能等新技术，尤其是人工智能技术尚处于不断发展完善之中，技术的不完善可能带来的风险，需要重点关注。

四是金融消费者保护问题。智能风控技术广泛使用了各类个人数据，这就可能涉及触碰金融消费者的个人权利与隐私问题，如何建立规范的智能风控企业内部数据合规管理和金融消费者权利保护机制，是智能风控行业需要关注的重要问题。

4. 政策建议

在智能风控快速发展的过程中，需要面对诸如数据与隐私保护，公平、公正、透明问题，技术安全风险及金融消费者保护等问题的挑战。为了保证智能风控技术的持续健康发展，应该考虑采取明确智能风控行业规制目标与原则，完善法律法规和规制框架，制定智能风控行业数据合规性操作指南及促进智能风控行业自律等措施。

一是明确规制目标与原则。涉金融业务的智能风控市场利益的多元性，决定了涉金融业务数据分析与决策服务的规制需要在个人信息保护、金融安全、信贷的可得性与公平性等不同目标之间取得平衡，实现多元共赢。

通过广泛借鉴国际上关于数据保护的一般原则，同时充分考量涉金融业务的数据分析行业特殊性，可以考虑以下监管原则：权责一致原则、分类分级原则、公开透明原则、目的明确原则、质量保证原则、确保安全原则、合理利用原则。

二是完善法律法规和规制框架。完善涉金融业务的智能风控市场法律法规和规制框架，充分考虑个人数据保护、金融系统安全、普惠金融实施等因素，制定相关规章和规范性文件。在监管实施过程中，有必要充分考虑监管数据收集、监管活动规划、部署监管工具、评估监管效果等方面的问题，编制监管手册，确保监管活动标准化和一致性。

规制框架则应秉承“综合治理”的思路，形成政府管理、企业履责、社会监督、行业组织多主体参与，法律、技术、自律等多种手段相结合的宏观格局。

三是制定金融数据合规性操作指南。针对金融业大量使用自有数据和第三方数据服务，金融监管当局提出金融业自有数据和第三方数据使用的合规性操作指南，促进金融机构及智能风控行业服务提供商的合规运行。金融机构应在指南的指导下，制定相应的内外部金融数据使用合规流程，规范日常金融活动中的金融数据使用行为，以减少法律合规性风险。同时，在金融机构采购第三方服务时，依据内部金融数据使用规则，要求服务提供商按照指南要求开展相关金融数据保护工作，并采取现场检查、非现场检查等措施定期评估服务提供商的合规性，并根据合规性评估结果，定期公布合规性供应商清单，以此来促进智能风控行业的数据保护工作。

四是促进智能风控行业自律。为了保证监管效率，监管当局不可能对每一个相关企业进行实时监管，可以考虑成立行业自律组织，以间接监管的模式对行业实施监管。联合行业企业及相关机构，制定行业标准和行为准则，促进行业企业规范化运作。随着金融机构对于智能风控行业的产品和服务的需求不断增加，数据分析行业逐渐成为金融业重要的利益相关方。因此，金融监管当局应该将数据分析行业涉及金融服务的业务纳入监管范围内。

案例专栏　智能风控在银行业的主要应用手段

近年来，智能风控逐渐成为金融领域，尤其是银行业的应用热点，它提供一种贯穿事前预警与反欺诈、事中监控和事后分析全业务流程的风控手段。

1. 智能反欺诈

随着网络金融业务的蓬勃发展，银行正面临着丰富的欺诈手段与多样的欺诈场景。未来商业银行运营将愈加依靠线上模式，新业务的开展需要面对网络欺诈的挑战。智能风控采用不同技术手段广泛收集电子商务、社交网络、黑产网络、暗网等各类网络欺诈数据，适时监控网络上出现的各类欺诈方式，利用人工智能技术输出为各类规则、策略、模型，以提高各类金融机构的反欺诈能力，降低金融欺诈风险。

为有效识别欺诈行为，需构建全生命周期闭环的反欺诈体系，事前进行风险的提前发现布控，事中及时阻断拦截，事后回顾分析加固防控体系。反欺诈体系的事前、事中和事后三个阶段的风险防范侧重点和措施各有不同。事前阶段以数据收集和准备为主。为了实现提前预知，需从大量的黑产论坛、网站、即时通信群中自动获取欺诈信息，通过分词、实体识别、语义理解等技术提炼有用的攻击情报。事中阶段主要是将前期采集到的各类数据和构建的画像、名单库，结合风控模型进行决策，判断当前行为是否存在风险，对风险事件进行实时阻断，避免损失。事后阶段主要是对风险事件进行分析、处置和沉淀，反哺欺诈识别策略和技术，丰富名单库，调整优化规则、模型，形成风险管理闭环。

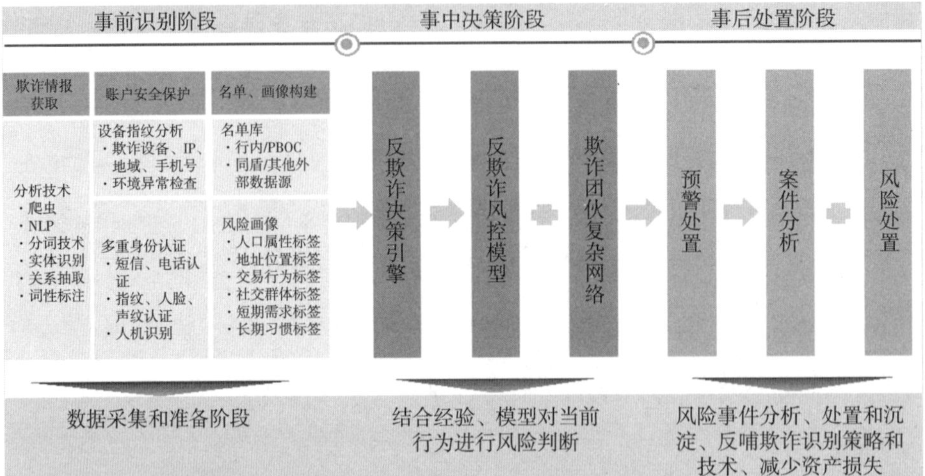

图 2.16 智能反欺诈三阶段模型

（资料来源：同盾金融科技研究院整理）

智能反欺诈的实施，需要一系列工具支撑，主要包括欺诈情报收集、智能反欺诈工具、智能反欺诈模型等。欺诈情报收集是主要通过网站论坛、即时通信和黑产渠道的定向监控及深入黑产内部获取一手信息，使用 NLP 实体识别、语义分析等智能分析工具，进行数据的预处理，再按照情报主体、风险行为、风险范围、规模预估四大维度，结合情报智能分析与专家经验，整理出防范欺诈风险情报。智能反欺诈工具的作用在收集交易或者与交易相关的数据，并进行智能分析，从中提炼有价值的信息，可用于识别包括虚假点击注册、撞库、设备作弊、盗卡盗刷、交易异常、恶意刷单攻击、涉恐涉暴等。主要工具有设备指纹、人机识别、IP 画像、用户行为画像、复杂网络等。智能反欺诈模型的构建超越传统的专家规则模式。国内外银行在传统反欺诈管理中主要依赖专家经验，这种管理模式得出的反欺诈规则存在一定的局限性。欺诈者会采取针对性措施回避已有规则导致专家规则失效。另外，当专家规则积累达到一定数量后误报率通常会比较高，影响实际风险研判效率。

近年来，国内外金融机构和金融科技企业尝试应用机器学习方法进行风险防范、反欺诈。机器学习主要研究机器获取新知识和新技能，并识别现有知识的方法。机器学习通常针对大规模数据集进行全方位综合考量，挖掘深层次业务场景特征，建立监督、无监督等类型的学习模型。在大量应用中，模型的准确性、稳定性也得到了验证。与此同时，模型表现有随时间衰减的特征，目前尚缺乏完整的自我进化能力等。

2. 智能授信评估

传统授信评估基于征信报告，结合人工经验，一方面费时费力，另一方面数据孤岛的存在导致评估有效性存疑。智能风控则充分利用已有征信数据，结合其他来源数据，通过分析、建模，借助生物识别、机器学习、复杂网络等人工智能技术，多维度、多层次分析用户风险特征，可以有效控制潜在风险，为信贷业务全流程风控注入新能量。目前智能风控技术可以在人民银行征信数据、内部数据的基础上，增加其他维度数据（如电子商务、社交网络），构建多维度指标体系，如信贷类指标、设备类指标、网络类指标、多头借贷类指标等，采用定制分、欺诈分、联合建模等方式，构建更加全面的风控体系，以适应线上运营条件下的业务模式和风控管理要求。

3. 智能贷后管理

传统金融行业，尤其是银行信贷，在贷后管理上投入不够。由于贷后管理表面看起来不为业务带来效益（实际上贷后管理可以减少违约损失）且耗费大量人力物力，银行在这方面的投入明显不足。智能风控的贷后管理服务可持续扫描借款人的新增风险，帮助银行客户动态监控借款人的状况，发现可能不利于贷款按时归还的风险，及时采取风险化解措施。智能风控通过建立贷后监控规则，如新增其他平台借款、新增法律纠纷、其他平台违约记录、新增网络欺诈行为及其他定制规则，可以及时监控借款客户的风险变化状态，以提醒金融机构及时采取有效措施，防止风险损失的扩大。

4. 智能逾期管理

一旦出现借款客户逾期的情况，如何减少损失，一直以来是金融业头疼的问题，传统依靠人力的催收模式成本高、效率低。智能风控的逾期管理技术通过采用逾期客户画像、逾期评分模型、智能互动工具等改变了传统人工催收的互动和决策方式，更轻型化地协助银行适应互联网时代高频低额的业务催收情况。逾期客户画像根据客户的不同情况采取不同的客户交互策略；逾期评分模型则对客户逾期情况评估不同账期的催收策略；智能互动工具则采用人工智能技术建立自动化催收流程，减少人力成本。

（四）智能合规管理

智能合规管理是金融机构通过数据和流程的自动化，提高自身合规能力、降低合规成本、满足监管要求的一种智能化内部审核与管理方式。

在智能合规和知识管理方面，招商银行的智能知识引擎可对文本知识实现加工、管理、传递和学习。该引擎以自然语言处理和知识表示推理技术为基础，集合了问答匹配、图谱推理、文本语义检索等先进技术，通过对银行产品手册、政策法规等文本进行深度加工，从而提供精准的智能问答和文档查询等功能，并且能对业务流程中的疑难问题进行判断与解答，对业务流程进行合规预审。目前知识引擎在交易银行、私人银行合规审查和外汇作业合规审查中均有应用。其中，在外汇作业审查中的应用，有望将传统流程的差错率降低60%，单笔业务审核检查效率提升78%，大幅提高整体作业效率。

在投行业务、合规管理和研究领域，海通证券使用智能语义分析技术对金融文档（如债券募集说明书、投行招股说明书、研究报告等）进行复核。通过文本解析、语义分析，从文档中自动抽取单词、句子、段落、数据、公式等信息，构建金融知识图谱，并通过深度学习、机器学习等智能技术不断优化训练，使计算机具有一定的判断能力，实现文档的智能复核、智能修改等功能，减轻人工复核的工作量，提高文档质量，降低运营成本。目前，智能金融文档审核系统能够实现语义错误识别、上下文一致性校验、数据勾稽关系检查、财务指标公式校验等功能。2018 年 7 月至 2019 年 10 月期间，累计完成近 1900 篇投行类业务文档的检查，检查数据点近 55 万处，帮助确认数据计算的正确性、一致性近 50 万处。

基金公司基于行业法规，使用自然语言处理技术检查业务流程和合同文本错误，进而减轻人工工作量及操作性风险发生的概率，确保各项业务的合规执行。此外，基于历史积累数据和行业规则，利用人工智能可辅助实现合同的自动起草、自动审核与履行管理。

三、金融机构业务后台场景应用

（一）智能运营管理

通过构建专业化、数字化、智能化的集中运营，可以改变金融机构以往坐等客户、获客活客能力薄弱、产品配套服务价值不高体验不好、线上线下步调不一致、产品服务一刀切、价值客户被忽视的局面，保障金融业务从经验运营向数字化转型，从传统运营服务模式向智能化转型。

在智能运营方面，金融机构通过 AI 算力和算法的配套结合，进一步释放数据资产的内在效能，以科技手段提升运营效率，降低运营成本。主要体现在业务流程重构、智能客服、智慧网点等方面。

在业务流程重构领域，可以通过对传统业务流程进行线上化、无纸化、智能化改造，同时引入机器视觉、自然语言处理、深度学习等人工智能技术，实现业务办理智能化、无纸化、自动化、电子化，从而提升业务运营效率，降低管理成本，减少人员投入，减少实体网点运营所需的设备、耗材等。

在智能客服领域，通过语音识别、自然语言处理、机器学习、知识图谱技术，完成客服领域的智能语音导航、智能外呼、智能客服机器人和智能辅助服务，实现传统的客服中心向数字化、综合化、全球化的客户联络中心转型，提升客服平台的智能化水平，满足互联网时代客户金融服务需求的变化。

在智慧网点领域运用机器人技术，通过在网点投放的智慧机器人，对客户进行迎宾分流，并与客户进行语音互动交流，根据客户知识库内容进行标准业务咨询和问答，减少大堂经理的重复性工作。同时，通过前端采集客户数据，可开展精准营销工作。此外，增强服务的科技创新感和服务新体验，为服务的转型升级注入全新的因素。

中国银行整合全集团对外的客户服务通道，提供多模式融合的在线智能客服；对内实现语音分析、客服助理等商业智能应用。为坐席提供一种辅助手段，帮助坐席快速解决客户问题。客服助理通过实时语音识别，实时语义理解，掌握客户需求，自动推送客户特征、知识库等内容。借助微信公众号等平台，推出语音问答系统，打造了中国银行个人金融助理形象。

建设银行以"运营智能化、管理智能化"为目标，在智能运营领域卓有成效。截至 2018 年 12 月 31 日，智能渠道服务客户 12.88 亿人次，智能机器人服务占比达 99.56%。建设银行还利用虚拟营业厅打通移动端渠道，为客户提供远程视频柜员服务，极大地提升了用户体验和业务办理效率。

招商银行运用大数据分析、机器学习等技术对现金自助设备的交易量进行预测，以实现清机投放时间及现钞金额的最优配置。相较传统流程，AI 模型的应用可将清机次数降低 10%；通过对管机员进行随机分配，还可同步降低重复性工作带来的资金挪用风险。该项应用预计 2019 年可为招商银行节省4000多万元运营成本。此外，招商银行通过AI算法对运营中心作业人员进行智能排班，实现人员和岗位的最优匹配，将排班耗时从原来的2个工作日压缩至20分钟；如果按照饱和人力计算，智能排班相较原作业流程可节约人力150人/天以上。招商银行的OCR技术可提供高可用的在线服务。以支票、汇票和进账单等的转录应用为例，OCR模型识别准确率可达95%以上；如果按日均处理30万笔左右的业务量计算，OCR的应用可节省约50人/天的人工转录成本。招商银行已将RPA技术在对公开户、涉外收支申报等61个场景进行应用，实现业务全流程自动化。如果按照饱和人力计算，RPA的应用相较传统作业流程可节省人力300人/天以上。招商银行自建了“小招知道—智能知识中心”。作为招商银行最全面最专业的银行知识库，“小招知道”可以支持更为精准的智能问答服务，为业务人员提供最准确、最全面的银行业务及监管知识搜索。

海通证券通过日志分析、历史数据积累、系统异常监控规则设定等，实现系统的自动巡检和系统运行问题的提前预警，在降低运维人力投入的同时，提高系统故障发现的时效性，为系统故障排除争取到了时间。不仅如此，还通过技术手段进行异常站点的自动过滤，根据站点实时性能情况，提前对高负载服务器进行引流，降低服务器故障率，减少服务器故障对用户的影响。同时，海通证券探索在下述三个场景推进智能运维的应用，并已在实验环境进行了有效性的验证。场景一是对事件的根因分析，根据海量强关联的监控预警信息，运用数据挖掘及算法分析技术，剖析问题根本原因所在。场景二是对性能容量的预测，通过研究历史数据，利用AI模型算法，实现了容量信息的提前预警。以网上交易系统和资金管理系统为试点，选取QPS、CPU利用率和内存使用量三个维度指标进行分析，其预测值和真实值吻合程度均较高，平均绝对百分比误差（MAPE）也在预期范围内。这样，可以为系统负载情况的预警提供有用的信息。场景三是智能运维知识库的构建，结合传统知识库和AI算法的双重优势，实现了知识共享与解决方案的快速定位。在系统累计承载知识条目超过 14 万条的环境下，通过跟踪用户搜索行为并进行统计，平均三次搜索即可命中有效知识的概率达到 87% 左右，用户对知识整体质量的评价得分为 4.27 分左右（满分 5 分），基本符合预期。

平安集团凭借在保险行业的深厚积累，整理沉淀保险机构经营各场景分析指标，建立涵盖营销、承保、理赔、收付、财务、风险监控、绩效管理和客户经营等全生命周期指标库和报表模板库。为平安寿险提供贴合业务流程的数据指标，在传统耗费大量人力和时间的经营分析方面，将业务分析作业时间缩短 70%。

基金公司在智能运营管理中开展了多种实践。一是智能结算管理，自动核对结算结果。二是智能化披露，实现智能督报和催报以及监测报告半自动化生成。三是故障智能识别，识别系统运维过程中存在的潜在风险，监测系统运行健康状况。四是故障智能处置，根据站点实时性能情况，提前对高负载服务器进行引流，减少服务器故障概率或服务器故障对用户的影响。五是网络安全智能防范。采用人工智能技术辅助开展防护。

信托公司利用智能运营管理覆盖交易文件纸质合同签署场景。在信托业务合同签约实际操作过程中，存在各方确认的交易文本由对手方先打印后用印和签字的情景。利用光学字符识别（OCR）技术可提高识别准确率，快速定位比对差异，方便人工二次核对。同时，信托公司采用网银流水机器人实现对企业网银账户统一管理和授权、网银流水信息的自动采集、账户余额、流水、回单信息的便捷查询。

信托公司在费用报销审核方面，存在着会计人员人工审核大量纸质票据耗费大量的人力时间，以及员工报销时移动客户端仅能识别处理增值税专票信息且识别准确率不高等问题。费用稽核“机器人”产品利用 OCR 智能影像识别技术及票据审核引擎对拍照或扫描后的票据进行自动识别，采用人工智能的深度学习算法及全文识别算法结合预设票据模板对票据进行解析，并对报销规则进行自动审核，识别后的票据数据可保存到本地数据库以便于后续数据分析。费用稽核“机器人”改变了当前大量人力审核票据的方式，可以实现费用报销过程中票据的自动识别和稽核，实现信息化、智能化作业，提升工作效率，降低人力成本，提升内控水平，降低操作风险。

案例专栏　海通证券智能化运维的应用

智能运维的通俗定义可以理解为传统运维与人工智能技术的结合，即利用大数据分析、机器学习等人工智能技术来自动化管理运维方面事务性的工作。海通证券在业务运营智能化过程中做了一些探索。

1. 业务运营智能化

通过智能调度、大数据、智能识别等技术，海通证券的业务运营逐渐从分散走向集中、从自动化走向智能化，运营效率不断提升，业务办理差错率有效降低。目前，运营部门平均开户处理时长缩短了44.85%；人均日处理量较分散运营阶段提高了3.63倍。同时，通过智慧运营平台，分支机构业务办理的全流程得到了有效控制，操作风险不断降低，新开户基本实现零差错。

在智能运营的实施过程中，主要应用了如下的智能识别技术。一是图像识别技术，主要用于开户过程中根据用户上传的身份证、银行卡照片自动填写开户申请，在开户审核过程中辅助进行人工审核和对上传的扫描件进行有效识别；二是人脸识别技术，用于开户双向视频时辅助识别客户的视频和证件上的照片是否一致；三是语音识别，用于开户中的辅助审核；四是指纹识别，用于对移动端的登录进行认证。

2. 金融文档审核

在投行业务、合规管理和研究领域，海通证券使用智能语义分析技术对金融文档（如债券募集说明书、投行招股说明书、研究报告等）进行复核。通过文本解析、语义分析，从文档中自动抽取单词、句子、段落、数据、公式等信息，构建金融知识图谱，并通过深度学习、机器学习等智能技术不断优化训练，使计算机具有一定的判断能力，实现文档的智能复核、智能修改等功能，减轻人工复核的工作量，提高文档质量，降低运营成本。目前，智能金融文档审核系统能够实现语义错误识别、上下文一致性校验、数据勾稽关系检查、财务指标公式校验等功能。2018 年 7 月至 2019 年 10 月期间，累计完成近 1900 篇投行类业务文档的检查，检查数据点近 55 万处，帮助确认数据计算的正确性、一致性近 50 万处。

3. 流程自动化机器人

由于信息系统的历史原因，在运营作业过程中仍存在较多人工操作。这些需要手工处理的跨系统操作，通常不需要复杂判断。但如果改造原有系统，又具有技术难度大、建设周期长且成本高的特点。流程自动化机器人（RPA）的出现刚好解决了以上难题。RPA 能模拟鼠标点击、键盘输入、复制粘贴等一系列日常电脑操作，这种非侵入的模式在不影响原有 IT 架构的基础上，集成数据和操作，实现业务的自动化处理。

在财务管理领域，海通证券财务部门的日常工作基本实现网络化、自动化处理，交易清算报表打印等工作实现自动化处理后，根据 2018 年的统计，每日能节省人工约 65 个小时，相当于近 10 人的工作量；在基金托管领域，通过 RPA 技术，海通证券的托管外包估值实现全业务流程自动化执行，托管运作实现银行前置机自动签到签退、红利税自动处理，托管产品资金前端控制自动申报等功能；在信用交易领域，海通证券在融资融券红利补扣税、合约展期批量审批、融资融券客户资料同步、批量余券划转等 11 个业务流程中应用 RPA 技术来处理简单、可重复的任务。

案例专栏　保险行业 AI 代理人，辅助管理提升服务

庞大的数量及高流动率，使保险公司面临日益严重的代理人操作风险与合规风险。从源头上加强对代理人的甄选，可有效降低由高流动率引发的客户投诉及骗保等行为；平安集团研发的 AI 培训系统可根据能力差异派发千人千面的学习课程，有利于提高学习的针对性和有效性，增强代理人服务能力。

1. AI 代理人甄员

通过挖掘历史数据和专家经验，AI 甄员系统可以刻画出易留存代理人及易脱落代理人两类画像。通过实时在线搜集代理人个人信息、从业意愿、行为习惯、工作体验评价和参训情况等数据，结合画像设计的甄选模型，帮助保险公司对代理人进行智能评分与筛选，做出直接上岗、延迟上岗或淘汰的决定。2018 年上线后，AI 代理人甄员在平安集团的应用已覆盖准增员近千万人，对平安人寿 13 个月留存代理人识别率达 95%。

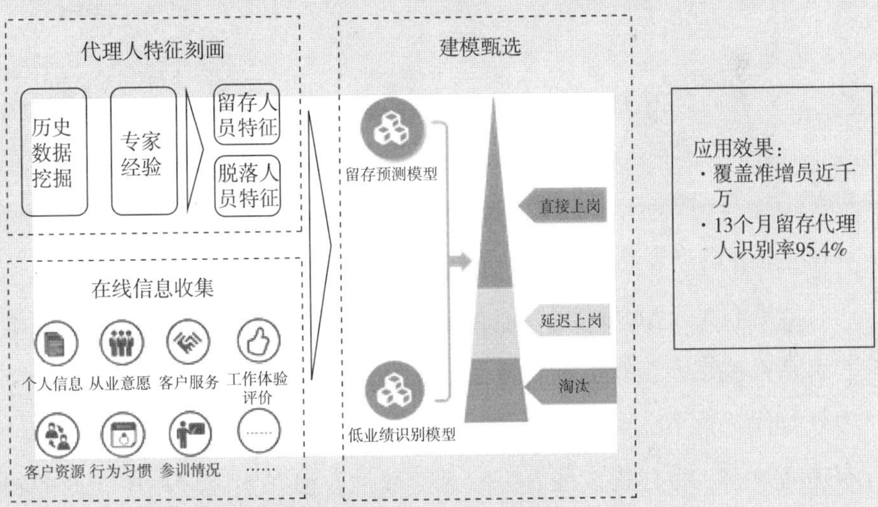

图 2.17　AI 代理人甄员

（资料来源：平安集团）

2. AI 代理人培训

当前大多数培训课程缺乏针对性，无法满足不同能力代理人提高能力的需求。AI 代理人培训可多维度识别代理人能力，发现代理人的长板和短板，智能配送适合的培训课程，及时对代理人学习完成情况和能力水平进行评估。系统上线后，平安代理人培训线上化率超过 90%，平均绩优养成时间从 2018 年的 36 个月下降至 2019 年的 15 个月，实现绩优人群快速复制。

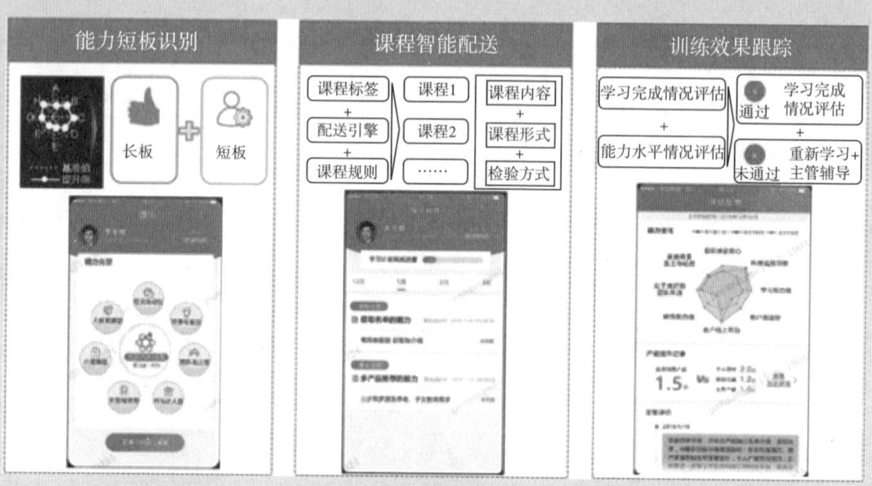

图 2.18　AI 代理人培训

（二）智能平台建设

智能平台是金融机构在智能化时代提升服务、改造流程、转型升级的核心引擎，也是人工智能创新应用的重要方向。

新时代背景下，商业银行身处智能金融应用创新的第一线。“AI +”具有提高效率、替代操作性人工的天然属性，但在实际应用中，商业银行应更加注重价值创造，坚持以人为本，通过塑造新的业务模式形成焕然一新的创造性应用。智能金融是传统商业银行转型的新动力，但同时也应为金融回归本源提供保障，以促进未来科技型银行的良性发展。驱动互联网平台服务和发展能力的数字化，是商业银行人工智能创新应用的重要方向，各大型银行加紧布局智慧平台建设。

工商银行全面实施智慧银行信息系统（ECOS）转型工程，以“客户服务智慧普惠、金融生态开放互联、业务运营共享联动、创新研发高灵活、业务科技融合共建”为目标，以企业级业务架构为依托，以松耦合、分布式 IT 架构和标准化、智能化数据体系为基础，聚焦重点业务领域实现产品整合、流程联动和信息共享，着力提升灵活创新、智能应用、开放融合能力，为转型发展赋能。

中国银行建立了数字化发展战略，构建了云计算、大数据和人工智能三大技术平台，持续为上层应用提供丰富、多维度的智能服务。三大技术平台分别对应企业智能化所需的三大能力，云平台提供强大计算能力和存储能力、大数据平台提供海量业务数据、人工智能平台提供海量智能分析算法。

建设银行上线“新一代核心系统”，加快向智慧型银行转型。建设银行依托新一代核心系统，搭建了领先的数据管理和应用体系，建设大数据平台，积极推进大数据战略，创新营运手段与作业模式，重构业务流程，建立了“多渠道受理、总行集中、前中后台一体化”的集约化运营服务体系。

招商银行正在围绕“网络化、数据化、智能化”打造云 + API 的 IT 架构。数据和算法构成了智能的基本要素。通过以云计算为代表的网络技术与大数据技术相融合，招商银行大力推动服务的数据化、网络化与在线化，提升了数据收集与处理的效率，更令数据“活”了起来：数据始终不断地被更新、消化与调用，用于增值服务的同时又能产生更多的数据，形成数据回流。招商银行在智能金融基础能力建设方面，以开放智能为核心，持续提升科技基础能力。以云 + API 的模式加快系统架构转型，建立基于原生云技术的大规模 IT 基础设施。在大数据 + AI 方面，升级大数据云平台，数据湖整体容量提升至接近 5PB，全面加快数据入湖；在内外数据整合的基础上，大力推动 AI 技术的研究和应用，目前已建立计算机视觉、语音识别、自然语言处理、知识图谱、机器学习和知识中心六大 AI 平台，支持行内业务的智能化发展，为商业银行业务的赋能减负提供强有力的全面支持。

平安保险公司建设智能车服平台，整合与共享线下合作伙伴服务资源，为保险公司搭建覆盖修车、用车、养车等全领域的服务平台。以智能救援为例，运用人工智能等核心技术实现智能调度、智能风险预警、智能质检三大核心功能，全流程解决客户痛点。通过不同案件维度智能化派工，减少人工调度干预，提高沟通效率；后台多维监控救援进程，客户画像分析风险信息管控，有效筛选出超 2‰风险用户；AI 技术驱动智能质检，现场照片高效上传，精准识别，秒级通过。平安产险应用后，救援服务质检率从 40% 提升至 100%，节约 70% 救援管理人力，实现减损 3.8%。

智能车服平台通过整合与共享线下合作伙伴服务资源，运用 O2O + B2B 模式。利用 AI 派单调度、AI 作业质检、智能查勘定损工具等技术，帮助保险公司构建完整的车服生态圈。以服务为抓手，培养客户使用习惯，增强客户黏性，提升续保率。使用过服务的客户续保率比整体客户高近 20%；并且客户服务使用次数越多，续保率越高。

国内四大金融资产管理公司均形成以处置不良资产为主业、银证保等多个金融业态共同发展的多元金融模式。多元金融模式下必须考虑不同金融业态之间的协同发展问题。利用相关智能金融技术可将不同类型金融机构的数据、信息、客户、行业等资源进行智能整合与综合利用，形成智能协同机制，进而更好地发现协同机遇、创造协同价值。

金融机构智能平台建设的三个发展方向可归纳如下。

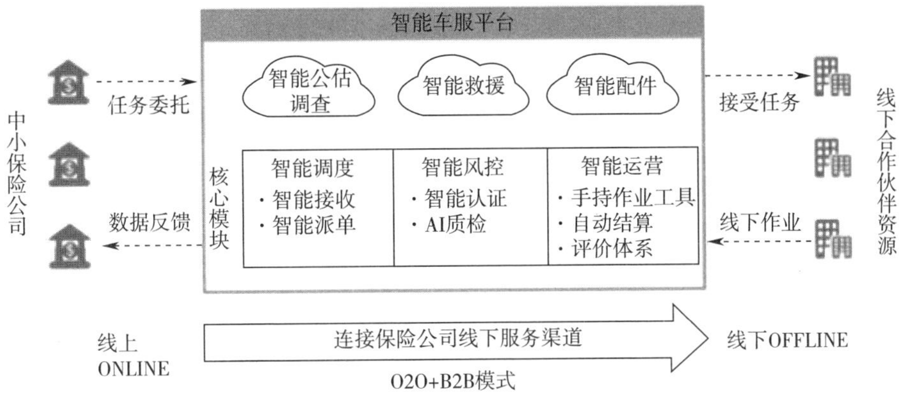

图 2.19　金融壹账通智能车服平台

1. 完善基础设施是智能金融发展的基础

人工智能平台应用建立的四要素是数据、算力、算法和场景。云计算为人工智能提供了算力支持，而大数据平台为人工智能算法的执行提供了数据的积累。以海通证券为例，完善的数据中心管理水平、支持能力和金融科技平台为智能金融的发展提供了基础设施的保障。

首先，根据行业发展趋势，海通证券实施金融云战略，推动传统 IT 基础设施全面转型。根据“开源开放、化繁为简、敏捷交付”的规划目标，办公云、研发测试云、生产云、托管云、行业云“五朵云”建设稳步推进。2018 年，海通证券率先探索实践了首个混合金融云方案。从单一的 VMware 资源池到开源 OpenStack + 公有云的混合资源池、从单一的集中式存储池到开源分布式存储池再到容量/性能混合存储池、从传统网络架构到新一代 SDN 云网架构、从研发测试环境试点到生产环境大范围推广，打造了中国证券行业首个自主可控的统一纳管、编排私有云、行业云和公有云资源池的混合金融云平台。

其次，围绕“1 + 3 + N”框架，积极推进大数据战略的实施。其中，1 是指大数据平台，整合企业结构化、非结构化、半结构化数据统一的存储和加工处理；3 是指人工智能、统一报表和数据分析、数据管控三大公共工具平台；N 主要指经纪、互联网、运营、财务、风控、投行、投资、研究等各种应用场景。目前，大数据平台层建设基本完成，工具层的统一报表与分析平台、数据管控平台已投产使用，应用层已支持零售、财务、运营等业务线数据分析场景的落地，有效助力数据治理效果显现和数据分析水平提升。

2. 坚持自主可控是智能金融发展的关键

回顾行业的发展历史，我国证券公司信息系统的建设主要是以采购外部产品为主，这也是造成各家券商提供服务差异化不大、产品的同质化现象严重的原因之一。近年来，随着科技投入的不断增加，券商信息化自主能力得到明显提升，而数字化转型的推进，使金融企业的竞争已逐步演变成为自主可控能力的竞争。目前既了解证券业务又掌握人工智能技术的人才还比较稀缺，行业各机构均在加大自身团队能力建设的基础上大力引进外部科技人才，确保响应智能金融场景的落地需求。

以海通证券为例，聚焦应用系统自主可控能力建设是科技发展的重要目标之一，人工智能团队建设时也强调要做到关键环节的自主可控。公司建立了技术与管理双通道的科技人才发展路径，明确了科技专业人才职业发展方向，为公司吸引优秀人才和员工职业发展提供机制保障。同时，通过建立公司级的评奖机制，定期对重大研发创新、重大工程创新以及运维和管理工作中的重大创新进行评比、表彰，以在科技团队中树立良好的示范和激励效应。

3. 坚持开放创新是智能金融发展的方向

证券行业要有效推进智能金融建设，还要坚持多方参与的发展模式，加强与金融科技企业的联动与合作，促进行业机构与科技企业的优势互补，融合不同市场要素的创新力量，形成布局合理、包容开放的发展格局，构建相互支撑的良性循环，推进良好的生态环境建设。

比如，在联合创新上，海通证券与腾讯签订了战略合作框架协议，双方将携手推进金融科技领域的深度合作。在人工智能领域，海通证券依托腾讯在人工智能平台、模型及应用等方面的优势，探索互联网证券业务的智能应用场景，共同为用户提供智能化、个性化的互联网证券服务，并逐渐推广至风控等场景。

转型期的金融机构一方面需要吸收借鉴互联网企业的决策机制、人才激励机制，加快内部的应用创新，将科技应用能力转化为市场竞争力；另一方面也应加强与科研企业和高校的紧密联系与深度合作，推动产学研合作在新技术的应用前沿发挥作用。

案例专栏　海通证券智能平台建设初具成效

海通证券通过互联网金融平台 e 海通财的智能矩阵，构建了全方位的智能零售体系。

在智能客服领域，基于自然语言处理和深度学习，使用智能应答引擎辅助客服人员提供在线服务，目前客服机器人的服务覆盖率超过75%；在智能理财服务领域，利用机器学习算法，精准定位潜在客户群体，金融产品销售的转化率相比传统销售提升了2.8倍；海通证券的智能资讯，对资讯进行知识图谱解析，向客户推荐其兴趣点所在的内容，形成千人千面的首页，日均推荐栏目访问高达30万人次；智能账户诊断功能，结合大数据与机器学习算法，构建六大维度账户诊断模型，对客户账户进行深度分析，日均访问近10万人次；智能盯盘功能，基于机器学习算法构建择时策略，实时触发推送至移动客户端，其中，2019年6月用户设置的盯盘策略近14万个。统一客户服务平台“e 海通行”，通过智能资讯、智能账户等工具为投资顾问赋能，为客户提供更快、更全、更精准的资讯服务和更全的账户分析。同时，也为客服人员的线上展业提供更便捷和有效的工具，并能针对服务效果进行准确、快速和合理的绩效评估。

图 2.20　海通证券 e 海通财的智能矩阵

（资料来源：海通证券）

（三）智能安全态势感知

金融机构为应对信息安全体系的连续动态调整压力，在前台快速创新的同时，也应在中后台更为主动、持续地推进信息安全监督。

随着计算机网络技术的不断发展和普及，网络应用的边界不断拓展、各类应用规模越来越庞大，各个层面的网络安全威胁和风险水平都在不断上升。伴随而来的各种安全威胁，如网络病毒、DOS/DDOS 攻击，使得网络供给行为朝着分布化、复杂化和规模化的趋势发展，单靠一层网络防火墙很难抵挡综合的攻击风险。安全态势表示的是一种状态和趋势，是整体和全局安全性能。在现实网络环境中，安全态势是一种动态变化的安全防护形势，既包括过去和当下的状态，也需要对未来的安防趋势做出预测。网络安全态势感知是利用数据融合、数据挖掘、智能分析和可视化等技术，实时显示网络环境的安全状况，为网络安全提供保障，从而为网络管理人员提供安全态势判断的依据。

海通证券参考 Gartner 的自适应安全架构，对金融行业开展了大量调研，结合自身多年的安全实践经验，从 2019 年年初开展以大数据技术为基础、智能安全分析为核心的企业网络安全态势感知平台建设，支撑“威胁检测、态势感知、安全对抗”三项信息安全核心能力需要。

一是逐步实现全网安全要素信息（目标为全流量、全日志）的采集和统一存储，整合各类现有和在建的安全检测资源。二是通过引入机器学习、人工智能等新型分析技术，综合各类安全要素信息，构建海通证券智能安全大脑，一方面汇聚各类安全要素信息，跨越时间、空间、技术的限制，深度检测威胁，同时将智慧分析结果注入各类安全设备，与设备联动实现智能化、自动化的检测与响应。三是逐步引入多源外部威胁情报，推动证券行业情报分享机制，建立海通证券可共享情报中心。四是以业务为导向、数据采集步骤为路线图，实现威胁检测场景的全覆盖，根据业务特点，从传统网络安全逐步过渡到业务安全、用户异常行为监测等复杂的安全威胁场景，最终实现企业全面的内外部安全威胁态势感知。

四、小结

目前智能金融的应用主要包括前中后台三大方面。

1. 智能身份识别已广泛用于个人身份验证。以指纹识别和人脸识别为代表的主流智能身份识别技术已进入大规模应用阶段，在远程核验、人脸支付、智慧网点和运营安全方面应用广泛。

2. 智能营销降低营销成本、改善服务效能。智能营销正在经历从人机分工向人机协同方式的转变，未来的智能营销将变成跨领域、融合的人机合作工作方式，进一步改善金融服务的效能。

3. 智能客服能节省客服资源和提升服务效率。智能客服不仅提供自动化问题应答，而且对接前端各个渠道，提供统一的智能化客服能力，并持续改进和沉淀，提供全天候精准的服务，提升服务效率。

4. 智能投顾已有试点，全面推广有待继续探索。智能投顾在国内外已有诸多应用案例，但我国因为缺乏明确的业务模式、服务定位仍不明确，全面推广仍有待继续探索发展。

5. 智能投资初具盈利能力，发展潜力巨大。一些公司运用人工智能技术不断优化算法、增强算力、实现更加精准的投资预测，提高收益、降低尾部风险。通过组合优化，在实盘中取得了显著的超额收益，未来智能投资的发展潜力巨大。

6. 智能信用评估提升小微信贷服务能力。智能信用评估具有线上实时运行、系统自动判断、审核周期短的优势，为小微信贷提供了更高效的服务模式，在一些互联网银行中应用广泛。

7. 智能风控实现金融机构风控业务转型。智能风控为金融行业提供了一种基于线上业务的新型风控模式，但目前只有少部分有能力的金融机构运用，有待继续试点和推广。

8. 智能运营管理提升运营效率，降低运营成本。智能运营管理使得业务运营逐渐从分散走向集中、从自动化走向智能化。从而提升业务运营效率，减少业务办理差错，降低管理成本。智能运营成为各家金融机构开展智能金融的优先考虑和使用的场景。

9. 智能平台赋能金融机构提升服务、改造流程、转型升级。智能平台建设是金融机构智能化转型的核心，持续为上层应用提供丰富、多维度的智能服务，构建完整的服务生态圈。

由于金融业对人工智能算法可靠性、数据保密性的要求更高，为保障智能金融健康发展，以下几点建议值得参考：

一是加快金融机构内部数据整合，提高数据质量。随着信息化程度的提高，金融机构的业务系统不断完善，但是往往存在“打补丁”的现象，不同业务系统的数据整合度不高，导致数据碎片化、不干净，数据量看起来很大但是难以利用。很多金融机构已经意识到系统碎片化给数据利用带来的负面影响并逐步开始系统整合，这是人工智能在金融行业深入应用的数据基础。

二是尽快制定发布金融行业级的人工智能行业数据安全监管和评估体系，推动建立“负责任”的人工智能行业标准，为金融机构深度使用人工智能技术提供法规保障，也有利于消费者保护。

三是金融监管机构要率先探索使用人工智能技术来提高监管效力，同时在监管规则的制定上要兼顾人工智能技术，梳理现有的监管规则中可能对人工智能技术产生排斥的内容并相应调整。

四是建立金融监管部门、金融机构和人工智能行业头部企业共同参与的联席会议制度，促进金融行业与人工智能行业的交流，弥合双方对人工智能技术的认知，以市场化方式推动人工智能技术在金融行业落地。

五是鼓励金融机构与人工智能企业形成更密切的合作关系，共同开拓市场。

六是推动跨学科的人才培养，推动金融和 AI 领域的人才技能融合，促使业务核心打通，直击业务痛点，更好地打造智能金融产业。

综上所述，智能金融目前整体仍处于“浅应用”的初级发展阶段，主要是对流程性、重复性的任务实施智能化改造。人工智能技术应用正处在从金融业务外围向核心渗透的过渡阶段，发展潜力巨大。

（中国银行首席科学家郭为民，中国银行金融科技研究中心高级经理杨涛，中国银行金融科技研究中心经理王思遥，招商银行人工智能实验室主任李金龙，海通证券信息技术管理部副总经理陆颂华，海通证券信息技术管理部规划管理乐剑平，广发证券谢军，广发证券黄冰华，广发证券谭则涛，金融壹账通联席总经理邱寒，金融壹账通保险一账通 CEO 毕伟，众安保险常务副总经理兼董秘王敏，众安保险发展规划部负责人田慧，众安保险金融科技研究院秘书长樊旼旼，易方达基金金融科技部副总经理刘硕凌，易方达基金金融科技部智能方案开发工程师何亚枫，华夏基金投资研究部副总裁祝青，中航信托党委书记兼董事长姚江涛，中航信托信息科技部总经理刘海涛，中航信托信息科技部高级 IT 经理王安，中国民生信托信息科技部总经理孟凯祥，五矿国际信托信息科技部总经理曲本盛，中国东方资产管理股份有限公司总裁邓智毅，商汤科技金融行业总监史荣，商汤科技金融产品经理王如一，蚂蚁金服研究院研究团队，同盾科技金融科技研究院秘书长袁伟斌，同盾科技金融科技研究院副秘书长姜波）

第三部分　专题篇

一、构建智能金融标准体系

目前，有关国际组织、国家及地区都在积极开展金融标准研究，为跨境金融服务发展、防范金融风险和保护消费者权益提供基础支撑。其中，国际标准化组织（ISO）、金融稳定理事会（FSB）与欧盟等国际组织已经制定或正在研究制定多项金融产品分类、编码、描述以及交易等方面的标准。我国金融标准化事业经过 30 年的探索和发展，已经建立了较为完善的金融标准体系，金融标准在规范经济金融发展秩序、助力实体经济发展方面发挥了重要作用。随着智能金融应用不断拓展，传统标准的适用性不足，迫切需要构建智能金融标准体系。

（一）国外金融标准体系建设基本情况

1. 国际标准化组织

国际标准化组织（ISO）下设金融服务技术委员会（ISO/TC68），专门从事金融标准化工作，主要负责银行、证券及金融业务相关标准的制定和维护。截至 2019 年 6 月 30 日，ISO 已发布金融类标准 55 项，主要涵盖加密安全、报文、代码、移动金融等多个类别，如图 3.1 所示。

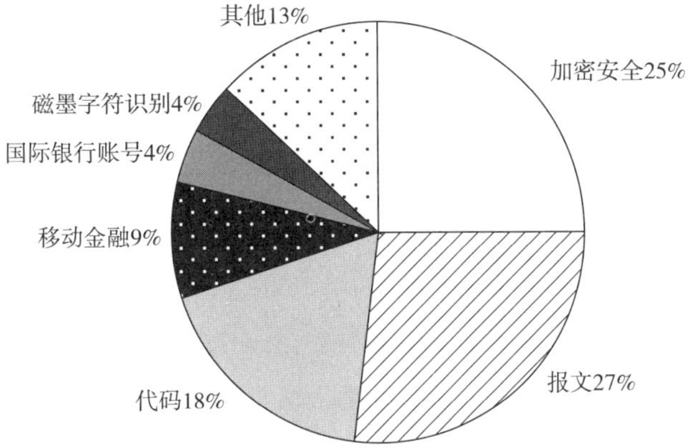

图 3.1　ISO 金融标准分布图

（资料来源：全国金融标准化技术委员会）

2. 金融稳定委员会

金融稳定理事会（FSB）是协调跨国金融监管、制定并执行全球金融标准，旨在促进国际金融稳定的国际组织，其协同巴塞尔委员会（BCBS）、支付与市场基础设施委员会（CPMI）、国际证监会组织（IOSCO）等十五个国际组织汇总制定了一个全面覆盖金融业、由约 200 项标准组成的标准库。

FSB 的金融产品标准工作主要聚焦于场外衍生品。为加强场外交易市场监管，FSB 发布了《实施场外衍生品市场改革》报告，提出场外衍生品标准化以及向交易信息库（TR）报告等建议，并由 CPMI 与 IOSCO 制定了用于识别基础资产与基准事物、有效标识金融产品的两项关键金融产品标准，即唯一交易标识符（UTI）和唯一产品标识符（UPI）。

（二）国内金融标准化现状

近年来，我国初步形成了政府主导制定金融国家标准、行业标准和市场自主制定金融团体标准、企业标准协同发展的新型金融标准体系，取得较好成效。截至 2019 年 6 月底，我国金融类国家标准共计发布 65 项，金融类行业标准达 251 项。

1. 组织概况

全国金融标准化技术委员会（SAC/TC180）（以下简称金标委）是国家标准化管理委员会授权，在金融领域内从事全国性标准化工作的技术组织，负责金融业标准化技术归口管理工作和国际标准化组织中银行与相关金融业务标准化技术委员会（ISO/TC68、TC222）的归口管理工作。国家标准化管理委员会委托中国人民银行对金标委进行领导和管理。金标委下设证券、保险、印制三个分技术委员会，分别负责开展证券、保险、印制专业标准化工作。

2. 国家标准

截至 2019 年 6 月底，我国金融类国家标准共计发布 65 项，包括 GB/T

15733—1995《金融电子化基本术语》等术语、代码类标准 10 项；GB/T 32319—2015《银行业产品说明书描述规范》等金融产品类标准 10 项；GB/T 32316—2015《金融租赁服务流程规范》等金融服务类标准 21 项；GB/T 21081—2007《银行业务 密钥管理相关数据元（零售）》等加密安全类标准 16 项；GB/T 17373—1998《合质金化学分析取样方法》等合质金化学分析方法类标准 8 项，如图 3. 2 所示。

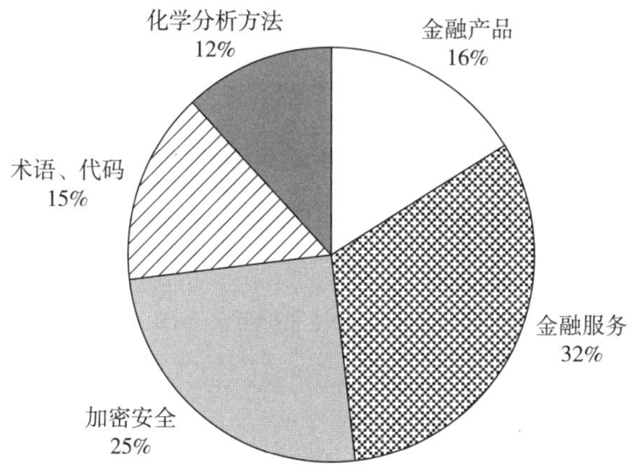

图 3. 2　金融国家标准分布图

（资料来源：全国金融标准化技术委员会）

3. 行业标准

截至 2019 年 6 月 30 日，我国已有金融类行业标准达 251 项，包括 JR/T 0032—2015《保险术语》等术语、分类与代码类标准 22 项；中国金融集成电路（IC）卡的相关标准 36 项；移动支付、智能电视支付等支付类标准 53 项；证券期货类标准 30 项；数据格式、接口、交换协议类标准 39 项；JR/T 0005—97《壹元流通币》等现金相关标准 12 项；JR/T 0026—2006《银行业计算机信息系统雷电防护技术规范》等其他类标准 56 项。此外，行业标准中有 3 项跟新一代信息技术相关的标准，分别关注于云计算技术金融应用的技术框架、安全技术要求、容灾。金融类行业标准分类情况如图 3. 3 所示。

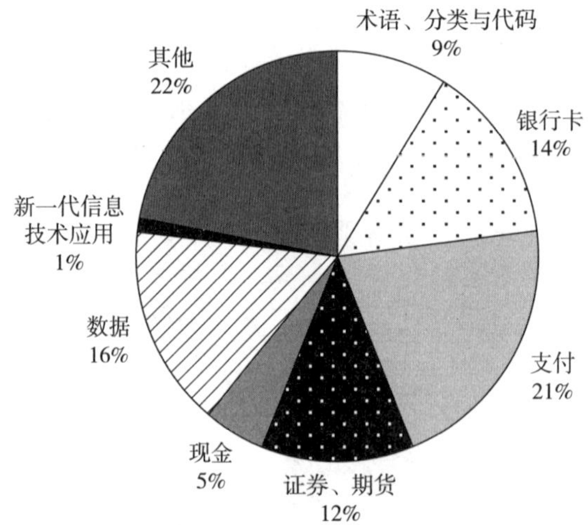

图 3. 3　金融行业标准分布图

（资料来源：全国金融标准化技术委员会）

（三）智能金融标准体系研究

建立智能金融标准体系的目标是按照科学的分类体系指导智能金融服务工作体系化、系统化地开展，解决智能金融服务过程中的共性技术和管理问题。智能金融标准体系的建设以解决传统金融现存问题为根本出发点，以标准体系建设原则为指引，围绕银行、证券、保险等业务应用、运营管理、技术与资源、信息安全及基础共性标准五个层面展开，如图 3. 4 所示。

其中，基础标准为智能金融服务供给提供基础支撑，聚焦于智能金融服务能力成熟度模型及智能金融服务质量评价指南等标准。运营管理标准负责智能金融服务的日常运营与管理，主要聚焦于金融企业数据资产管理、外包管理、业务连续性管理等。技术与资源标准关注提供智能金融服务使用到的核心技术，包括智能金融技术服务要求、数据中心的建设与运营以及云计算、大数据、人工智能等新兴技术与智能金融服务结合

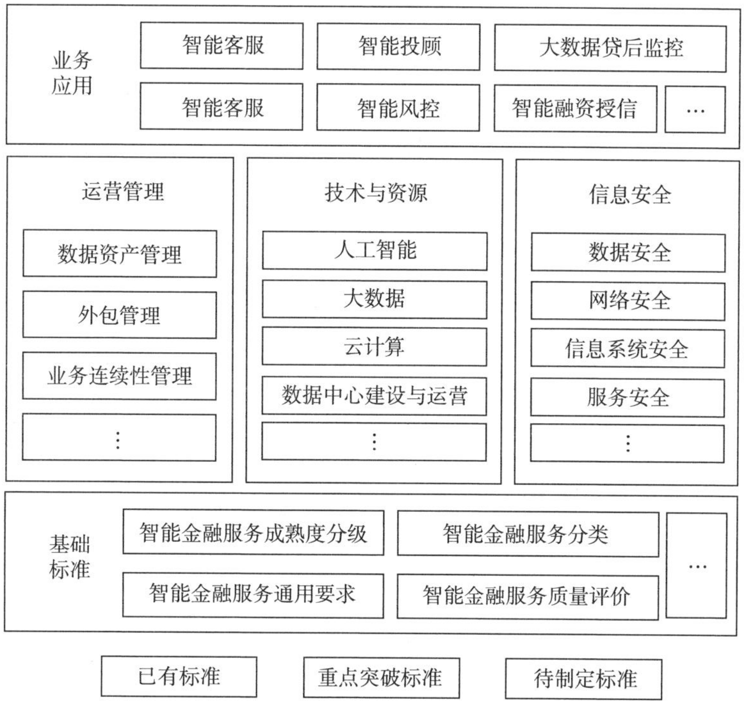

图 3.4　智能金融标准体系框架

（资料来源：中国电子技术标准化研究院）

等相关标准。信息安全标准负责金融企业的安全防护与管理，主要围绕企业内部数据安全、网络安全、信息系统安全、服务安全等方面。业务应用类标准用于规范金融企业所提供的具体业务，主要包括智能身份识别、智能营销、智能客服、智能投顾、智能投资、智能信用评估、智能风控等业务。

（四）建立智能金融标准体系的原则

建立智能金融的标准体系需考虑以下原则：一是需求牵引，顶层设计。以银行、证券、保险等行业发展和应用需求为牵引，以建立标准体系和开展标准研制工作为目标，坚持科学规划，做好顶层设计，统筹有序推进标准化工作。二是远近结合，重点突破。做好智能金融标准需求的分类梳理，兼顾长远目标与当前工作，有序规划；围绕基础、重点、成熟领域，优先推进重点标准研制工作。三是企业主体，协同推进。以银行、证券、保险企业为主体，加强金融领域各产业联盟与信息技术服务分委会等相关标准化组织间的沟通、合作，发挥各方力量，共同推动金融标准化工作。

（五）完善智能金融标准的措施

一是成立金融联盟与国家信息技术服务标准工作组分会联合工作组。由信息技术标准专家和金融科技人员共同筹建标准研制工作组，共同推动我国智能金融标准化工作。二是做好标准体系顶层设计。结合智能金融服务需求与痛点问题，采用自上向下的工作思路，优先规划智能金融标准体系的总体框架，为标准编制和标准化工作部署提供依据。三是加快推进现有标准在金融行业落地。统一协调智能金融服务相关标准与现有成熟标准间的关系，对于共性标准可采标引用，避免标准的重复制定，加快推进智能金融标准化进程。四是积极研制重点标准。对于智能金融标准体系中无法采用的标准按照“共性先立、急用先行”的原则，优先编制重点标准。五是保障技术安全。建立人工智能安全标准体系、搭建人工智能安全评测公共服务平台，围绕算法、框架、系统等方面，从设计、建模、测试、部署、应用、监测、风险等多个方面，形成人工智能应用全周期的安全防护机制。

二、智能金融的治理原则与伦理问题

智能金融在给我们带来无尽惊喜与期望的同时，也不断挑战着既有的法律、伦理和秩序。面对智能金融应用带来的问题，需要政府、市场及社会形成多元、多层次的治理合力，降低智能金融的风险，最大程度促进人工智能技术带来的生产力解放，享受科学与理性决策的成果。

（一）智能金融治理原则

智能金融让原有的金融服务体系进入从“人”服务到“机器”服务的时代，可能由于数据质量差或算法有瑕疵引起投资者亏损；智能金融依赖于算法，而算法出现的“过度拟合”等程序性错误可能引发蝴蝶效应，造成系统性风险；金融决策依托于对大数据的智能处理，个人投资信息或敏感的公司数据的泄露风险，个人隐私保护和数据安全问题突出；智能金融模糊了不同业务的边界，需要协调多方形成合力联合治理。

2019 年 6 月，国家新一代人工智能治理专业委员会发布《新一代人工智能治理原则——发展负责任的人工智能》，强调人工智能发展相关各方应遵循和谐友好、公平公正、包容共享、尊重隐私、安全可控、共担责任、开放协作、敏捷治理八条治理原则。以促进新一代人工智能健康发展，更好协调发展与治理的关系，确保人工智能安全可靠可控，推动经济、社会及生态可持续发展，共建人类命运共同体。

智能金融需遵守人工智能治理的一般原则，同时要考虑金融领域应用的特殊性，坚持创新应用与风险防范并重。一方面要鼓励支持人工智能技术与金融产业模式的创新。另一方面，要采取有效的监管措施。要遵循金融发展规律，防范利用人工智能技术规避金融监管或者监管套利的行为。要鼓励多层次主体共同参与治理。政府部门制定标准，科技企业保障技术安全可控，金融机构增加产品应用透明度，消费者参与规则制定。

加强治理体系建设的建议。协调多方形成联合治理，防范道德伦理风险。政府制定规则标准，科技企业保障技术安全可控，金融机构增加产品应用透明度，消费者参与规则制定。尤其要注意预防人工智能算法的偏见和歧视，加强算法公平性、公益性、公正性、公开性的研究。

（二）智能金融的伦理问题

智能金融有可能侵害人类的权益，例如，算法的不透明性可能导致不道德和歧视性。使用大数据来源也容易出现问题，当数据不完整、不具代表性、出现偏差时，会影响决策结果。随着智能金融的发展和应用越来越广泛，学术界和产业界都开始担忧人工智能技术在金融领域应用带来的伦理问题。例如有偏差的人工智能系统可能导致用户获得金融服务的不平等，导致不公平的贷款行为和歧视性的产品定价。金融机构有义务了解其基于人工智能的系统的决策，以及这些决策可能对客户产生的潜在负面影响。金融机构还要为算法造成的歧视承担责任。

目前全球许多机构都已经开始研究相应的对策以应对智能金融的伦理问题。各国正开始采取积极措施，保护消费者免受不恰当数据使用和人工智能风险的影响。美国银行成立委员会研究如何保证用户隐私。谷歌建议采用以人为中心的设计方法，使用多种指标来评估和监控，并广泛检查数据情况，以发现可能的偏差来源。加拿大财政部发布指导文件概述了使用人工智能的质量、透明度和公共问责制。一些大学、科研机构研究对数据预处理以减少偏差。《通用数据保护条例》是欧盟实施的一项全面的数据保护和隐私法，对使用人工智能工具做出与客户相关决策的金融机构和其他公司施加了一系列义务。

智能金融的发展需要明确的指导方针和保障措施，以确保该技术的合理开发和使用，包括算法公平性和可解释性、稳健性等。智能金融应用机构必须确保负责处理数据或开发、验证和监督人工智能模型的员工拥有有效的资格和经验，了解数据中可能存在的社会和历史偏差，以及如何充分纠正这些偏差。金融机构还需构建内部政策和管理机制，以确保算法监控和风险缓解程序足够和透明，并定期审查和更新。

三、人工智能创新平台与基础环境

（一）人工智能开源框架

人工智能在近年来取得的突破，离不开基础设施及基础技术的支撑，而人工智能开源框架及平台成为智能产业生态最重要的基础设施。当前人工智能发展正在快速走向开源化、平台化、生态化，开源开放成为各国人工智能发展的趋势。尤其是深度学习框架，处于硬件层和应用层之间，既支撑了人工智能算法开发，也与人工智能芯片的设计关系密切，构成人工智能领域重要的基础设施。

目前，全球人工智能开源平台竞争主要在国外科技巨头之间展开，谷歌的深度学习框架 TensorFlow 起步较早，功能完善，使用量、活跃度、开发者数量等指标都名列全球第一，在全球最著名的开源社区 GitHub 上，超过三分之一的深度学习开发者使用 TensorFlow。同时，新的平台不断推出，技术形态快速演化，Facebook、Google、百度、亚马逊都相继推出了自己的开源平台，使得模型创新速度得到提升，不仅公司影响力得到提高，而且在打造人工智能芯片、服务器、云平台等技术生态中占有先机。

总的来说，全球人工智能开源平台竞争主要集中在国外科技巨头之间，我国少数科技公司也推出了相应的人工智能平台，但仍与国外科技巨头的差距较大。

（二）人工智能开放创新平台

人工智能平台化成为当前人工智能发展的主要趋势，开放创新平台在促进人工智能技术发展中起着关键作用。构建以企业为主体的产学研合作体系，科研院所、企业、产业界共同推进人工智能领域平台建设，通过高效的人才、技术、数据、产业等资源整合，构建开放新生态。

人工智能领先企业通过建设开放创新平台，将语音识别、图像识别、自然语言处理技术等人工智能产业化技术通过接口的方式开放给用户，以应用需求为牵引，促进人工智能与实体经济深度融合，带动中小微企业发展和各领域人工智能创新创业，引领我国人工智能技术创新和产业生态建设，推动人工智能技术成果产业化。

2019 年 8 月，科技部启动建设新一批人工智能开放创新平台，在自动驾驶、城市大脑、智能医疗、智能语音、智能视觉、视觉计算、营销智能、基础软硬件、普惠金融、视频感知、智能供应链、图像感知、安全大脑、智慧教育、智能家居等领域构建起国家级开放创新平台。以应用需求为牵引，促进人工智能与实体经济深度融合，带动中小微企业发展和各领域人工智能创新创业，引领我国人工智能技术创新和产业生态建设。截至目前，国家新一代人工智能开放创新平台总数增至 15 家。

表 3.1　　部分国家新一代人工智能开放创新平台一览

单位名称	平台名称
上海依图网络科技有限公司	视觉计算国家新一代人工智能开放创新平台
上海明略人工智能（集团）有限公司	营销智能国家新一代人工智能开放创新平台
华为技术有限公司	基础软硬件国家新一代人工智能开放创新平台
中国平安保险（集团）股份有限公司	普惠金融国家新一代人工智能开放创新平台
杭州海康威视数字技术股份有限公司	视频感知国家新一代人工智能开放创新平台
北京京东世纪贸易有限公司	智能供应链国家新一代人工智能开放创新平台
北京旷视科技有限公司	图像感知国家新一代人工智能开放创新平台
北京奇虎科技有限公司	安全大脑国家新一代人工智能开放创新平台
北京世纪好未来教育科技有限公司	智慧教育国家新一代人工智能开放创新平台
北京小米移动软件有限公司	智能家居国家新一代人工智能开放创新平台

资料来源：科学技术部。

伴随大数据、云计算、语音识别、人脸识别、安防、体感交互、智能制造等新技术逐渐发展成熟，新技术已经进化成为“新商业基础设施”。科技公司从“技术赋能”到“服务赋能”，建设开放平台，营造行业的开放生态。人工智能开放创新平台的涌现，将为推动人工智能技术创新和产业发展发挥重要的示范引领作用。同时，人工智能领域的众创空间、孵化器、加速器快速发展，创业孵化体系逐步完善。

（三）智能金融开放创新平台

大型金融机构开始尝试建设智能金融领域的开放创新平台，有的金融控股公司建立起“金融 + 科技”驱动发展的业务模式，利用旗下多个金融创新平台，将人工智能技术运用于金融领域，构建基于人工智能的“端到端”解决方案，梳理全流程业务、解决全行业痛点，为不同类型的上千家金融机构提供服务。

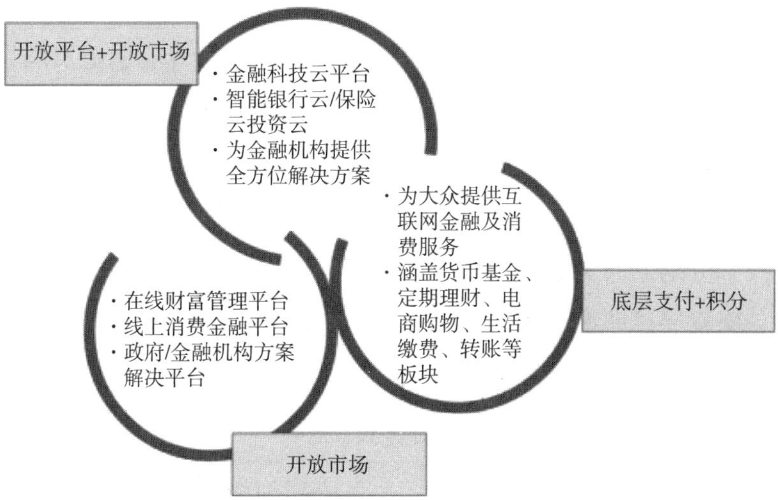

图 3.5　平安集团金融科技发展业务模式

（资料来源：《2018 年中国平安公司年报》）

图 3.6　构建基于 AI 的端到端解决方案

（资料来源：平安集团）

(四) 人工智能创新发展试验区

为加速人工智能技术应用，培育有利于人工智能发展的创新创业环境，科技部加快推动人工智能创新发展试验区建设工作，通过在试验区内开展技术示范、政策试验和社会实验，积累人工智能健康发展可复制可推广的经验做法。根据科技部印发的《国家新一代人工智能创新发展试验区建设工作指引》，到 2023 年，布局建设 20 个左右试验区，打造一批具有重大引领带动作用的人工智能创新高地。目前，科技部支持北京和上海建设国家新一代人工智能创新发展试验区取得积极进展。2019 年 10 月 18 日，科技部分别发布关于支持合肥、杭州、深圳、天津建设国家新一代人工智能创新发展试验区的函，支持合肥市、杭州市、深圳市、天津市建设国家新一代人工智能创新发展试验区。

(五) 发展人工智能创新发展的建议

积极推动智能金融产学研结合，加强协同创新，突破金融领域人工智能关键技术和共性技术，开展智能金融应用探索和科技成果转化。利用平台开放服务的特点，弥补中小金融机构在人才和技术积累上的不足，降低智能化的门槛。利用平台的孵化和众创环境，探索金融产品和服务模式创新。通过金融机构与科技企业在平台上的联动与合作，促进金融机构与科技企业的优势互补，形成布局合理、包容开放的发展格局。

四、金融数据与金融云

(一) 金融数据类型

从所要处理的数据的形态划分，金融数据可分为结构化数据和非结构化数据两大类。

一是结构化数据类。传统的金融信息系统主要处理的是结构化数据，如交易流水、客户数据库、价格数据、行情数据等，一般采用关系型数据库处理。在结构化数据上，要处理的主要任务是优化、分类、预测等，例如利用信用卡历史数据进行客户的精准营销，利用历史股票价格和交易数据预测未来的市场走势等。

二是非结构化数据类。随着信息化和大数据化的深化，金融业务开展过程中积累大量的原始数据，数据来源也已从传统的结构化数据逐步扩展到电子文档、图像、音频、视频或网页等。能够采用关系型数据库处理的结构化数据约占数据总量的20%，而其他80%是非结构化数据。多媒体数据（语音、图像）有财务报表扫描件、票据扫描件、证件扫描件、保险理赔现场照片、人脸图像、客服录音、语音输入等。文档数据有PDF文件、网页等，还包括XBRL、XML等半结构化数据。

从数据所在对象的类型划分，可分为以下四类。

一是泛监管部门类数据。包括“一行两会”及其下属机构、地方监管部门、各类证券/期货/票据/外汇交易所、行业协会、信用评估机构、地方股权交易所、地方开发区、部门财经相关部委/厅局等机构的数据。例如，交易所每年要处理数十万份公开披露材料，大部分都是PDF文件，在使用人工智能技术处理前，每天能及时处理完毕的只有很少的一部分。

二是银行机构类数据。这些机构包括大型商业银行、股份制银行、民营银行、外资法人银行、城商行、农商行、村镇银行、农村信用社、企业集团财务公司，还包括围绕银行业务的各类担保、租赁、信托、汽车金融、消费金融机构等。这些机构的数据主要是客户的资金流水数据、证照数据、文档数据等。利用人工智能技术实现财务报表分析、扫描件识别、人脸识别、富格式文档解析、规则建模与推理、大规模图分析、银行产品图谱、客户画像等功能。

三是证券类数据。主要包括证券公司、公募基金公司、私募基金公司，以及相关的资管公司、咨询公司、财富管理公司等机构的数据。包括投资者交易数据、舆情数据、研究报告数据等。金融机构利用这些数据实现智能投顾、舆情监控、研发分析等功能。

四是保险类数据。主要指保险公司的数据，包括投保数据、理赔数据等。应用场景主要包括保费定价、承保自动化、理赔自动化、即时核保、快速分销、自动客户服务等。

五是中介机构类数据。包括会计师事务所、律师事务所、资产评估机构、咨询机构等的数据。主要包括合同数据、财务数据等。利用人工智能技术实现合规审查、财务审计自动化等功能。

六是互联网金融机构数据。包括 P2P 平台、小贷、众筹、助贷、担保、消费金融、互联网支付、征信等机构的数据。主要包括信贷数据、消费数据等。应用场景主要包括身份识别、信用评估等。

（二）金融数据处理方法

各类场景数据对技术的要求，往往不是单一的技术就能满足的，需要综合多种技术，主要包括：

第一组为知识获取相关技术，又可分为两类：一是数据识别技术，在金融领域中，包括扫描件（主要是各类表单和证件）识别、人脸识别、动物识别、图像定损、语音识别等。当前主要应用深度学习方法，并综合运用经典机器学习方法和传统神经网络方法。二是数据理解技术，包括文档解析、文档复核、条款解析和理解、公告分析、研报分析、舆情分析等。数据理解比数据识别更深入一步。例如对财务报表扫描件的处理，识别技术仅仅恢复表格结构和单元中的字符本身，而理解技术还需要精确恢复表格和字符的语义，再进行诸如表格合并、单位理解、科目对齐、实体消歧等步骤。需要综合运用自然语言处理、知识图谱、图像处理、专家系统的技术。

第二组为金融领域知识建模与分析技术，又可细分为四类：一是实体画像技术，包括客户画像、企业画像、银行产品图谱、证券产品图谱、情感分析等。对各类实体建立基于有限分类、词表、本体或者数据库查询的标签，以用于后续的匹配、过滤、推荐、查询等。主要处理方法为统计机器学习、自然语言处理中的实体链接/对齐/消歧、知识图谱查询/融合。二是统计分析技术，包括交易异常检测、关联账户分析、时间序列分析等。归纳和挖掘数据的统计特征，以支撑风控、投资模型等应用。底层主要基于各类机器学习模型，如分类、回归、聚类、降维等，也适用深度学习方法。三是图谱建模技术，如大规模图分析、财务报表分析、产业链建模、财务知识建模（如勾稽关系）等。主要沉淀领域实例知识，提供辅助决策。底层主要基于知识图谱技术。四是专家知识技术，如规则建模与推理、规则冲突检测、智能合约、法规建模等。主要沉淀领域专家的经验或者组织积累下来的规范流程，以数据约束、规则、本体等形式表现出来。底层主要基于专家系统和知识图谱技术，需要自然语言处理技术支撑。

第三组为数据交互技术，又可细分为三类：一是检索式交互技术，如法规检索、智能问答（如开户助手、外呼助手、查询助手）、语音客服等。主要基于自然语言处理技术，需要知识图谱和语音处理技术支撑。二是响应式交互技术，如智能推送（市场预警、营销预警、风险事件预警）、精准营销（基于图谱的匹配）、约束检查（如违规预警）等。主要基于知识图谱技术，需要机器学习技术支撑。三是可视式交互技术，如自动化图表、自动报表、可视化信息披露、图谱可视化等，主要基于知识图谱技术和自然语言生成技术。

（三）智能金融应用中的数据问题

其一，金融数据欠缺。金融行业数据体量大，但对机器深度学习来说依然欠缺，存在维度低、样本少、稀疏标注的情况，无法支撑人工智能技术对大样本、高维度数据的需求。

其二，存在数据孤岛现象。出于对数据的保护，金融机构不能完全开放数据。金融监管机构之间的数据分割也很严重，不利于智能金融发展。

其三，数据整合和治理程度较低。根据抽样调查，91% 的银行在数据治理上缺乏“功底”，仅 9% 的银行实现有效数据清洗，可以支撑智能金融应用的需要。一些证券公司积累了多年的投资者原始数据，在应用时需花七成项目时间清洗数据、几百人标注数据，存在有多少“人工”，才有多少“智能”的困境。

其四，数据融合问题。金融业务场景中人拥有的先验知识，目前还无法对领域专家的知识建模，表达为人工智能可以处理的数据，并与业务中原始数据融合处理，提升智能金融应用的效果。

（四）金融云是智能金融发展的重要基础设施

云计算是人工智能技术发展的重要基础设施，金融云作为新型基础设施和赋能平台，用互联网平台的模式，大规模、低成本、敏捷化地赋能金融机构，降低了分布式技术和人工智能等复杂技术的使用门槛，为智能金融应用提供强大的算力支持以及数据存储资源。

通过金融云支撑数字化、智能化的业务创新已经成为业界的共识。依赖云计算技术，智能金融带来的业务效率提升以及云计算平台带来敏捷创新和生态繁荣，正在不断地改变着金融业务，从单点业务效率提升逐步发展到业务流程或产业链条的重构。如同新零售的“人、货、场”重构一样，智能金融的发展也在逐步向线上线下融合、全业务流程提效和重构、全业务生态价值整合的“新金融”模式飞速发展。

金融云对促进智能金融发展有重要的作用，主要体现在以下四个方面。

一是金融云支撑智能金融的海量高频数据处理。云计算技术使得智能金融的应用成本大幅降低、处理能力大幅增加，金融交易得以从大额低频的电子化交易和小额高频的现金交易全面转向电子化网络化交易。

二是金融云支持金融产品和服务的全面数字化，提升金融机构的风险管理能力，为金融机构深入理解用户、信用评级和风险管理创造了坚实的基础。利用金融云提供的大数据分析方法，帮助金融业务将以前的事后风险管理变为事中风险控制和事前风险评估和预测。

三是金融云有利于智能金融应用快速适应市场。金融云平台天然具备开箱即用、按需使用的特点，采用敏捷开发的模式，低成本投入小步快跑，通过快速的业务迭代，降低智能金融业务创新的成本，以适应市场的快速变化。

四是金融云的开放式业务生态有助于拓展智能金融应用场景。金融云的天然平台属性，使同一个金融云平台上的机构能便捷地形成开放式的业务生态。一些金融机构的云上生态受益于平台网络效应，与平台上各类业态的企业合作，对接各种应用场景，提供智能化的金融服务。

（五）金融云的分类

根据服务交付资源的不同，智能金融的云计算分成三种服务形态：基础架构即服务（IaaS）、平台即服务（PaaS）和软件即服务（SaaS）。IaaS 是用户利用软件虚拟化和自动化部署等技术，通过高速互联网远程访问云服务商提供的计算、储存和网络资源。PaaS 是金融机构利用平台提供的数据处理、模型训练、服务部署等服务资源，创建智能金融应用。SaaS 是金融机构直接利用云平台提供的智能金融应用，为用户提供服务。

从物理服务器的所属权来区分，智能金融的云平台分为公共云、专有云和混合云。公共云是指金融机构不拥有云计算的物理服务器，直接使用云服务。专有云是指金融机构在组织内部构建的云计算服务，拥有物理服务器的所有权。混合云则是指二者兼而有之的融合状态。

（六）金融云的信息安全

随着金融云业务的发展，各大主流公有云厂商均推出了专业的金融云服务。传统大型金融机构先后开始布局金融云。随着技术的进步和安全合规能力的提升，金融云不仅需要满足保四、ISO27001、PCI－DSS 等传统金融安全标准，还要符合以 GDPR 为代表的欧洲、美国、新加坡等国家和地区的更为严格的金融安全合规标准。金融云的安全性和厂商服务能力已经逐步超越传统金融 IT 对安全合规能力的要求，并且发展形成了领先的技术优势。其快速的安全技术迭代能力和动态的安全攻防能力，更是让金融云服务模式在安全合规领域体现出优势。

随着区块链和多方安全计算技术的发展，领先的厂商已经开始尝试既能保护个人隐私，又能符合安全合规的数据合作模式。未来以金融云服务为基础，大数据、人工智能、区块链等技术将相互作用，促进金融云安全高效发展，发挥更大的作用。

（七）发展金融云的建议

考虑到金融行业对数据安全要求的特殊性，各金融机构用公有云不合适，但都建私有云又加剧数据孤岛。建议由“一行两会”牵头，统筹建立金融行业专有云。按照“统一规则，分步实施，小步快跑”的原则，各金融机构从外围数据、非核心业务到核心业务与数据，逐步上金融云，构建金融行业办公、研发测试、生产、托管、应用云平台，各金融机构原有系统作为灾备。目前建设专有云技术上可行，既有利于加快金融机构内部数据整合，提高数据质量，促进智能金融发展，也有利于提升智能金融监管能力。

（八）加强配套基础设施建设

加强智能金融的硬件平台建设，支持智能金融硬件核心企业和相关产业快速发展，加快扶持培育一批自主创新能力强、发展潜力大的智能金融核心硬件企业。加强智能金融的软件平台建设，推动智能金融算法框架自主发展，鼓励金融机构在探索智能金融应用时，优先使用我国拥有自主知识产权的算法框架。加强智能金融的数据共享机制建设，支持合规的数据聚合商建设，鼓励大型智能金融公司分享开放数据，鼓励竞争，维护市场公平环境。

（中国电子技术标准化研究院标准化工程师刘亭杉，中国电子技术标准化研究院标准化工程师张伟娜，中国电子技术标准化研究院标准化工程师于泉杰，中国电子技术标准化研究院研究室主任李鸣，中国科学技术发展战略研究院研究员李修全，中国科学技术发展战略研究院研究员张俊芳，阿里云资深产品总监刘刚，文因互联 CEO 鲍捷）

第四部分　监管篇

一、智能金融的潜在风险

金融与科技的组合使得智能金融在技术性风险、系统性风险、信息安全风险等方面更加突出。首先，智能金融的发展有赖于先进的技术和交易平台系统，技术和交易平台系统选择失误会带来较大风险。其次，在金融智能化程度越来越高的趋势下，金融风险呈现出越来越明显的多元性、复合性和交叉性的特征，变得更加具有隐蔽性、破坏性和扩散性，多重风险叠加极有可能引发系统性风险。最后，通过在数据库中采集、整理、分析各类数据，人工智能系统运用机器学习等提升智能性，不可否认该技术已经取得了长足进步，然而对于信息泄露这一问题亦难以防御。近年来，第三方支付系统，如 Apple Pay、Alipay、WeChat Pay 等大型互联网企业，将人工智能系统纳入自身的支付系统，该支付方式成为国际支付体系的一个重要组成部分，但同样绕不开用户信息易被泄露以及后台易被攻击的风险。

（一）技术风险

技术不成熟的风险。人工智能技术的发展仍处于弱人工智能阶段，是对人脑简化的模拟，无法应对复杂场景下的决策，在金融的应用中存在风险隐患。例如，智能投资系统在市场演变过程中，可能会做出异常的决策，导致经济损失。

算法黑箱问题。人工智能算法实现过程存在“算法黑箱”问题，导致智能金融的投资决策过程复杂、投资结果不确定、可解释性差，造成投资者对智能金融产品不信任。例如，智能金融产品的发展如果建立在大数据偏见和歧视性选择的基础上，可能会加剧金融服务的不公平。

（二）信息安全风险

智能金融所依赖的软硬件平台及网络环境都可能存在漏洞，被他人利用和操纵，将危害智能金融应用的安全。近年来，多个安全团队多次发现主流开源深度学习框架的安全漏洞，攻击者利用漏洞篡改或窃取系统数据，甚至影响智能金融应用的决策。而且随着技术的发展，对漏洞攻击的隐蔽性增强、破坏性变大、智能化水平也在提高，对信息安全的威胁增大。

近年来，针对金融信息方面的网络攻击明显增多。例如，根据澳大利亚“新快网”等媒体报道，目前有一款恶意软件可植入澳大利亚四大银行的安卓手机客户端，在手机用户不知情的情况下，拦截发送到手机的验证码信息，并将验证码短信转发给黑客。黑客用上述方法获得用户的登录名称、密码及验证码后，可以绕过银行安全机制，登录用户网上银行账户转移资金。

（三）系统性风险

智能金融一方面加深了金融业、科技企业和市场基础设施运营企业的融合，增强了机构之间的关联性；另一方面也降低了服务的门槛，服务众多用户。智能金融的“尾部效应”和“网络效应”优势，使得金融机构增强获客能力、提高风控水平、降低成本，但两种效应叠加增加了金融体系的复杂性，可能会放大风险的传染性和影响面，诱发更大的“羊群效应”，放大金融的顺周期性，引致更大的系统性风险。

（四）垄断风险

科技公司进入金融领域开展业务形成了大型金融科技公司，出现寡头的趋势已逐渐成为规律。智能金融在发展中也可能遇到数据、资本与技术向少数公司集中的情况，这些公司利用技术优势和业务垄断迅速扩大金融业务，在庞大的用户基础上不断发掘客户潜力，获取超额利润，以至于出现“赢者通吃”的局面，逐步形成事实垄断，不利于人工智能技术在金融行业的创新和智能金融的广泛应用。

二、智能金融的监管挑战及措施

（一）监管挑战

1. 智能金融的法律法规滞后

现有的法律法规应对智能金融应用滞后。目前金融相关法律法规没有充分考虑人工智能技术对金融业的影响，一些智能金融应用处于监管真空地带。

同时，构建适应智能金融创新的法律法规难度较大。智能金融应用是一个新事物，涉及隐私保护、信息安全、伦理、责任划分等复杂问题，给立法带来很大挑战。监管部门自身的人员对智能金融理解不足，也是制定法律法规的障碍。

2. 人工智能技术加大了金融监管的难度

一是增加风险监测和管控难度。智能金融的算法模型需要不断迭代更新，基于常规固定模型的风险预判会失效；智能金融的应用往往大量依赖外部数据，包括舆情等，而外部数据可能短时间内走向极端，导致智能金融应用决策出现连锁风险；算法模型本身就存在黑箱，相关信息披露不够充分，监管部门更难理解其运行规律，无法提前预判风险。智能金融应用往往是以无须人工干预的方式运转，如果事前没有考虑控制手段，事后一旦出现风险很难管理。

二是监管责任难认定。智能金融应用开发时往往借鉴了软件开源组件，或者金融机构通过购买科技公司提供的软硬件技术，导致智能金融产品出现多个潜在责任人，出现纠纷时难以划分责任。另外，智能金融的决策由机器完成，难以对决策的结果追究机器的责任。

3. 监管模式不适应智能金融发展

一方面，智能金融的发展使得不同业务之间相互关联、相互渗透，金融混业经营的趋势更加明显。在此背景下，金融产品业态变得更加多样化，业务边界变得更加模糊，当前监管制度体系还难以适应和有效监管智能金融。

另一方面，基于事后总结教训型的传统金融监管制度不适应科技驱动下金融创新频发的市场环境。恰当的监管有助于金融科技发展良好态势的形成，但传统的“先发展后规范”的被动式监管模式是不可取的。

（二）国际监管经验

1. 国际监管组织：加强智能金融发展和监管的研究

智能金融新型监管范式的探索正处于爆发期。多家国际监管组织成立了专门的金融科技工作组，如金融稳定理事会（FSB）、国际证监会组织（IOSCO）和国际保险监督官协会（IAIS）、巴塞尔委员会（BCBS）、支付与市场基础设施委员会（CPMI）等，探究金融科技的监管规则和监管方式，并发布了相应的专题研究报告。智能金融的应用与监管，亦在其研究范围之内。

金融稳定理事会主要关注智能金融发展对金融稳定的潜在影响。2017 年 FSB 发布《人工智能和机器学习在金融服务市场的发展及其对金融稳定的影响》，认为应当提升人工智能和机器学习技术应用的可解释性，加强对相关创新的检测和评估。

国际证监会组织关注人工智能对资本市场的影响。2019 年 3 月，IOSCO 理事会发布了第一份年度工作计划，列出了五项优先问题，其中就包含人工智能和机器学习，以提高 IOSCO 的工作效率及其政策工作对全球证券市场的影响。

国际保险监督官协会关注智能金融对保险业和保险监管的影响。据 IAIS 测算，全球每年有 20% ~30% 的保险赔款涉嫌欺诈，损失金额约 800 亿美元。随着人工智能与保险行业的深度融合，智能风控在保险行业的应用越来越深入。基于图片识别、生物识别、情绪识别等人工智能技术，以实现智能预警和多维核验。

此外，巴塞尔委员会关注智能金融对银行经营模式、市场地位和银行业系统性风险的影响，以及对银行监管提出的挑战。

2. 以监管创新和加强合作拥抱智能金融发展

对于信息科技在金融领域应用的监管，一些国家和地区指定相关金融监管机构承担监管协调职能，如英国金融行为监管局（FCA）、美国金融业监管局（FINRA）、新加坡金融管理局（MAS）、澳大利亚证券和投资委员会（ASIC）、香港金融管理局（HKMA）、日本金融厅（FSA），监测和指导大数据、区块链、云计算、人工智能等技术在金融行业的发展应用，也包括提供身份识别、智能客服、智能投顾、反欺诈等服务的科技企业。

英国政府对智能金融及其监管创新持肯定与积极态度，监管职能主要由2013年4月成立的FCA承担，主要监管思想是平衡创新与风险的关系，以达到适度监管的目的。英国在金融创新与监管方面努力保持独特的竞争力，逐渐形成了一套比较精细化的做法，发起“项目革新”“监管沙箱”等扶持计划，创新“监管科技”，使得英国在金融科技和监管科技方面处于相对领先地位。

FCA于2016年5月启动“监管沙箱”（Regulatory Sandbox）。“监管沙箱”作为金融科技监管创新的重点，不仅有利于金融科技行业理解和执行监管政策并减少合规成本，而且便于监管当局追踪金融科技的发展情况。监管沙箱通过提供一个“缩小版”的真实市场和“宽松版”的监管环境，在保障消费者权益的前提下，允许金融科技初创企业对创新的产品、服务、商业模式和交付机制进行大胆操作。FCA的监管沙箱包含大量企业数据和消费者的真实反馈，初创企业可充分利用沙箱反映的市场、行业和消费者情况，有针对性地完善创新产品和服务，减少创新产品、服务等投放市场的时间，降低监管风险，助力初创企业吸引更多投资。

此外，2018年8月7日，FCA与11家金融监管相关单位合作成立

“全球金融创新网络联盟”（GFIN），希望借此搭建一个监管机构网络，在各自市场中合作和分享创新经验，为联合政策工作和讨论提供论坛平台，同时为相关企业提供试验跨境解决方案的环境。2019 年 4 月 29 日，FCA 发布了 GFIN 的后续行动计划。在测试邀请阶段，共收到了 44 份测试申请，其中大部分来自监管科技和加密资产领域。进行筛选之后，8 家企业进入了下一阶段。

新加坡金融管理局（MAS）作为新加坡的金融监管机构和中央银行，出台了一系列政策鼓励国内创业公司和生态系统的成长和发展，支持金融科技创新。MAS 结合全球金融科技的发展趋势和新加坡金融科技的发展现状，制定了新加坡金融科技发展的五大计划，并明确了六大金融科技关键技术，包括大数据、区块链、云计算、机器学习、移动支付以及身份验证和生物识别。

新加坡由于金融市场相对较小、市场创新相对不足，因此也采用监管沙箱模式对金融科技进行监管。与英国不同的是，英国的监管沙箱适用于所有的科技类企业，而新加坡的监管沙箱仅适用于 FinTech 企业。此外，新加坡还加强国际监管合作，与澳大利亚、英国和瑞士等国签署了双边合作条约，在金融科技的新兴趋势以及创新监管方面将与这些国家进行积极的共享。

美国近年来十分重视人工智能的发展，并上升至国家战略层面。在金融领域，美国关注人工智能在监管上的应用。2019 年 5 月 10 日，美国国会宣布，将由众议院金融服务委员会针对金融科技和人工智能创立两个专门的工作小组。一方面，金融科技工作组将主要研究美国国内外的监管环境，以及高效支付的基础设施和法律监管框架。此外，该小组还会针对在线贷款（尤其是贷款发放所使用的替代数据），以及大数据的使用及对用户隐私的影响等方面展开研究。另一方面，人工智能小组将主要研究人工智能在金融服务和监管中的应用，在数字身份识别和打击欺诈中的应用，以及金融自动化将如何影响金融服务和整体就业等问题。另外，美国证券交易委员会（SEC）正在利用机器学习实现对未来投资者行为的预测，特别是在包括潜在的欺诈和监管渎职在内的市场风险评估方面的预测。

此外，澳大利亚、日本、中国香港等国家和地区也有专门的金融监管机构负责智能金融的发展，并积极探索监管创新。其中，澳大利亚和中国香港等国家和地区的金融监管当局也陆续推出了监管沙箱。

对比各国（地区）的监管沙箱，无论是中国版还是世界其他各国（地区）版的监管沙箱，其逻辑和目标都是一致的：平衡金融创新和防范风险的关系。但因为各个国家和地区的金融服务、科技发展、消费者以及法律要求等实际情况不同，在申请机构、申请项目、测试的要求、授权管理以及规则的调整方面，各国（地区）的具体做法略有不同。

表 4.1　　各国（地区）监管沙箱计划比较

国家（地区）	英国	澳大利亚	新加坡	中国香港
负责机构	FCA 非政府组织	ASIC 备案制	MAS 中央银行	FKMA 政府机构
目的	全球金融 创新中心	—	构建金融科技 监管系统	金融科技 现场实景测试
面向企业	金融科技企业 以及 “颠覆性创新”	金融科技企业 以及 “颠覆性创新”	仅限金融 科技企业	只对银行业机构和相关金融科技企业适用
特色	注重创新和 消费者保护以及 “退出方案”	“监管沙箱豁免” 和个人申请	准入标准宽松	“窄化简化”主要鼓励本地银行开发创新技术，除测试企业范围、消费者基本保护措施、风控外，未制定更细致的监管规定
测试周期	3～6 个月	6 个月	3～9 个月， 弹性较大	6 个月
测试客户数量	≤100	≤100	—	—
客户总敞口	≤5 万英镑	≤500 万美元	—	—
审核周期	—	14 天	21 天	—

资料来源：胡婧凡：《金融科技动态监管研究——基于 Regtech 及沙箱国际比较》，载《金融视线》，2018（24）。

（三）监管措施

1. 加强法律法规建设

近十余年来我国互联网金融发展的教训表明，对于新兴金融业态，及时制定出台适应性的监管规则有助于塑造明确的政策预期，防范“劣币驱逐良币”的金融乱象。

一方面，应遵循“技术中立”原则，坚持按照智能金融的业务本质和风险特征，制定相关监管规则，明确监管方向、监管职责，防止监管规则制定滞后而引发的监管套利、金融乱象和风险积累。另一方面，由于智能金融背后的算法、技术较为复杂，建立在这些算法、技术等之上的业务风险也难以一时全面把握，所以智能金融监管规则的制定应该秉持原则先行、动态演进的思路：先制定大的监管原则、粗的监管规则、低层级的监管政策，后续根据业务的发展和风险的变化不断具象、完善和提升层级。

综上所述，监管部门应加紧研究出台智能金融隐私保护、数据安全、责任主体认定、消费者保护以及道德伦理方面的规范性文件，条件成熟时逐步上升为法律法规。

2. 大力发展监管科技

监管部门应综合运用人工智能、大数据、云计算等新一代数字技术，增强数据治理和分析能力，实现监管数据实时采集，风险智能化分析，构建智能金融事前、事中、事后全链条监管模式。特别地，随着技术和数据资源的加速累积，未来人工智能必然成为推动智能金融监管转型的重要力量，不仅可以提高监管能力、降低监管成本、减少合规风险，而且可以有效解决监管者的激励约束问题，更好地识别与应对系统性金融风险。

与此同时，也应加强对于智能金融背后技术、算法的检查，综合实际业务场景、交易规模等深入研判新技术的适用性、安全性和稳定性，强化新技术应用保障机制，明确新技术应用的运行监控和风险应急处置策略。

3. 创新监管模式

借鉴国外一些成熟的理念，在此基础上结合中国国情创新监管模式，可设立专门的部门，建立智能金融监管长效机制，以适应智能金融渠道多元化、跨市场的运营特点。运用监管沙箱等机制有效管理金融创新产品，采取更为先进的方法和手段应对未知的风险与挑战，在坚守底线和控制范围的前提下，鼓励金融机构的创新试点，并根据技术、市场变化等因素，及时进行评估、反馈和调整。

三、数据隐私保护与共享技术

（一）数据孤岛现象与数据隐私保护挑战并存

数据孤岛现象普遍。人工智能技术的应用依赖于大数据，而行业应用中金融数据往往分散在不同的机构、不同的部门，是割裂的“小数据”，形成了“数据孤岛”。在商业公司中，尤其是金融机构所拥有的数据往往都有巨大的潜在价值，机构间、部门间基于商业利益考量，也不会交换与聚合数据。导致即使在同一个公司内，数据也往往以孤岛的形式出现。

数据隐私保护的挑战。金融大数据的运用对智能金融有着重要意义，但同时也不能忽视用户隐私数据的保护。国家网信办的数据显示，2018 年网络安全事件投诉累计 106700 件，个人信息泄露的占比达 27%。百融云发布的《2019 反欺诈行业调研白皮书》显示，截至 2018 年由于个人信息泄露造成的经济损失超过 900 亿元。随着智能金融的发展，对大数据的需求日益增长，各种类型的机构通过多种形式收集用户数据，数据隐私保护面临着严峻的挑战。

面对频发的隐私泄露事件，各国（地区）都在加强对数据安全和隐私的保护。欧盟宣布实施《通用数据保护条例》（GDPR），规定用户可以要求经营者删除其个人数据并且停止利用其数据，而违背该条例的企业将面临巨额罚款。在 GDPR 正式实施一个月后，美国加利福尼亚州颁布了《2018 年加州消费者隐私法案》（CCPA），加强消费者隐私权和数据安全保护。2019 年 5 月 28 日，中国国家互联网信息办公室发布了《数据安全管理办法（征求意见稿）》，提出了收集重要数据的备案制以及向第三方提供重要数据的批准制新要求。

（二）联邦学习——数据隐私保护下的共享机制

如何在保护数据隐私的前提下，实现数据的协作协同，破解“数据孤岛”与“数据隐私保护”的两难困境？联邦学习提供了一种新的思路。

“联邦学习”（Federated Learning）指各机构在不交换数据的情况下，完成人工智能算法模型训练。其核心就是解决数据孤岛和数据隐私保护的问题，通过建立一个数据“联邦”，让参与各方都获益，推动人工智能技术在金融领域的应用。联邦学习在智能金融的应用场景十分广泛，并没有特别限制。大部分机器学习、深度学习等常见的人工智能算法经过一定改造，均可适配联邦学习方法。

联邦学习的具体实现方式是：建立一个虚拟的共有模型。这个虚拟模型类似于把数据聚合在一起建立的最优模型，但是在建立虚拟模型的时候，数据本身不移动，因此不泄露隐私，符合数据合规要求，建好的模型也仅在各自的区域为本地的目标服务。在这样一个联邦机制下，各个参与者的身份和地位相同，实现“共同富裕”。

联邦学习有几大特征：各方数据都保留在本地，不泄露隐私也不违反法规；多个参与者联合数据建立虚拟的共有模型，实现各自的使用目的、共同获益；在联邦学习的体系下，各个参与者的身份和地位相同；结果模型的性能充分逼近理想模型（即全部数据都传输给单一方所得到的模型）；“联邦”就是数据联盟，不同的联邦有着不同的运算框架，服务于不同的运算目的。

目前，联邦学习在金融领域已应用于智能风控、智能信用评估、智能反洗钱等多种场景。在智能信用评估中，有的公司基于联邦学习算法，实现了将分散在多家机构的用户数据“联合”起来，建立用户信用评估体系。基于联邦学习创新人工智能算法，推动了智能金融的应用。

（三）加强数据隐私保护的相关建议

首先，在国家层面，积极推进人工智能和数据安全相关立法工作。在《网络安全法》的基础上，研究制定《数据安全法》《个人信息保护法》以及人工智能相关法律，明确人工智能数据安全法律原则，确立不同参与主体在人工智能生命周期各阶段所享有的数据权利与承担的安全责任。

其次，制定专门的金融信息保护法规。一方面，根据金融领域数据和信息的独特性，尽快修改完善和发布《个人金融信息保护办法》。加强信用信息主体权益保护，防范金融信息泄露风险，完善金融信息主体的异议、投诉及责任处理机制，切实保障个人和企业的金融信息安全和隐私安全。另一方面，针对智能金融发展的数据安全风险，制定具体法规或政策。依据国家相关法律，结合人工智能在金融领域应用中的特点，明确智能金融领域在人工智能算法设计、产品开发和成果应用等过程中的数据安全要求。值得注意的是，金融科技公司在发展过程中容易依靠数据和技术形成寡头，出现“赢者通吃”的局面。各国监管部门加强了对巨头公司开放数据方面的研究，中国应该借鉴相关经验，防范数据的垄断风险。

再次，建立数据隐私保护的综合治理体系。数据隐私保护不仅仅是金融监管部门的责任，也涉及政府部门、IT 公司、金融机构、其他企业以及每个公民。未来需要建立数据隐私保护的综合治理体系、协同治理。

最后，通过“联邦学习”等新技术解决数据隐私保护问题。“联邦学习”在满足用户隐私保护、数据安全和政府法规的要求下，进行数据使用和建模。这样既保护隐私又能共享数据，通过发展技术的方式建立基础设施，帮助解决隐私保护的问题。

四、智能金融的消费者保护

智能金融在技术上充分发挥了机器的作用，极大地拓展了普惠金融，但在消费者保护中存在几方面问题。一是智能金融时代电子交易的速度快，证据难以固定、调取。一旦出现问题，消费者将处于劣势地位，存在举证困难的问题。二是智能金融应用需要获取消费者的大量数据，若消费者不允许收集、使用相关数据信息，便面临无法使用该应用的困境。三是与智能金融相关的消费者保护法律法规不完善，消费者保护自身利益的手段和工具脆弱。四是智能金融产品复杂性较高，普通消费者难以准确理解其风险。一些智能金融产品由经营者自我评价，缺乏第三方公正评价机制，造成消费者在不知情或者被经营者误导的情况下，购买超过自身风险承受能力的产品。

针对智能金融产品和服务的消费者权益保护，可以从以下四个方面着手。

一是给予金融消费者以适度倾斜保护，调节技术应用中的失衡。在指导思想上给予消费者以适度倾斜保护，平衡消费者与经营者的法律地位，力求实现实质平等。在技术层面上强化经营者的取证责任，明确电子证据提供义务、效力、留存年限、留存范围，可尝试举证责任倒置等方式。

二是平衡好个人信息的利用与保护。尽快制定专门的《个人信息保护法》，明确个人信息的定义、个人信息权的内涵，厘定个人信息保护的基本问题。构建涵盖知情权、更正权、使用权等内涵的个人信息权体系，约束经营者获取数据的途径和方式。

三是强化金融消费者保护的法律制度供给。采取“统分结合”的立法模式，以《个人信息保护法》为基础，出台个人金融信息保护法规、规章，调整金融消费者保护的新问题。加强金融消费者保护的法律法规建设，同时金融机构要尽到卖者的义务。

四是强化金融消费者教育。引导消费者正确认识智能金融产品和服务，维护消费者知情权，防止消费者受到误导或欺诈。

（京东数字科技研究院研究总监朱太辉，中国证监会信息中心监管科技建设与协调工作组副组长、中证信息技术服务有限责任公司特聘经济学家刘波，微众银行首席人工智能官杨强，微众银行人工智能首席科学家范力欣，微众银行人工智能高级研究员程勇，微众银行人工智能研究员周柚池，微众银行人工智能部副总经理吴海山，同盾科技副总裁兼人工智能研究院院长李晓林，同盾科技人工智能研究院首席专家李宏宇，同盾科技人工智能研究院应用算法部经理孟丹，中国人民银行金融消费权益保护局副局长尹优平，中国人民银行金融消费权益保护局普惠金融处主任科员汪天都）

第五部分　国际篇

国外智能金融主要由英特尔、高通等底层硬件提供商和谷歌、亚马逊等通用AI和技术平台提供商，以及摩根大通、高盛等金融领域应用企业共同推动。面对迅速变化的金融行业，国外监管也积极回应市场发展，鼓励金融创新。

国外的智能金融应用在投资和交易系统的策略中，如风险溢价、趋势跟踪、股票多空量化等，将越来越多地采用机器学习工具和方法。在银行业，AI技术可以帮助确定信誉、简化贷款流程、改善用户体验，在信用卡业务中能够进行欺诈检测、关联营销等。在国外证券投资业，大型投资银行和私募基金都已经实现了智能投顾系统开发和商业化运营，智能投顾向定制客户提供大类资产配置、投资组合选择、智能交易等服务；智能投研更注重市场信息的深层次挖掘和对于市场数据的深度学习。在国外保险业，美国、英国、德国、日本、新加坡等保险发达国家，发展出智能理赔、智能客服、产品比对、客户信息跟踪等新业态。

一、国外智能金融发展概况

麦肯锡在考察了19个行业和9项业务功能的400个应用案例之后，认为当前人工智能三分之二的应用机会都来自分析。与人工智能相关的技术每年可以为全球经济贡献产值3.5万亿至5.8万亿美元。面对这一蓝海市场，国外科技巨头已经在人工智能的研发和应用上加紧布局；与此同时，国外金融企业面临科技冲击带来的变革，智能金融已经成为大型金融企业的重要发展战略。

（一）技术基础

智能金融的业务和应用发展依靠底层芯片的硬件支持、开源框架的软件开发，以及在应用领域的实践推广。

1. 底层硬件

国外传统芯片制造商加大人工智能专用芯片研发，掌握人工智能技术的大型科技公司也在开展针对各自开源框架的人工智能芯片的研发。以美国为代表的人工智能芯片的研发处于国际领先地位。目前底层硬件的开发商主要有英特尔、英伟达、AMD、ARM 和高通等，开发商研发专用芯片以加快支持 AI 的应用程序的执行速度。亚马逊、Facebook、谷歌、IBM 和微软等公司正在加大对于现场可编程门阵列（FPGA）和专用集成电路（ASIC）的定制芯片的投资。这些定制芯片将经过严格优化，以运行基于 AI 和高性能计算（HPC）的工作负载，有助于帮助下一代数据库加快查询处理和预测分析的速度。

智能金融的下一代业务模式和应用程序，将依靠这些芯片为最终用户提供资讯和服务。根据 New Street Research 估计，2022 年 AI 芯片市场可能达到 300 亿美元；麦肯锡的研究预测，到 2025 年，对计算硬件的需求将增长 10% 至 15%，可能贡献 AI 相关的半导体公司 40% 至 50% 的价值增长。

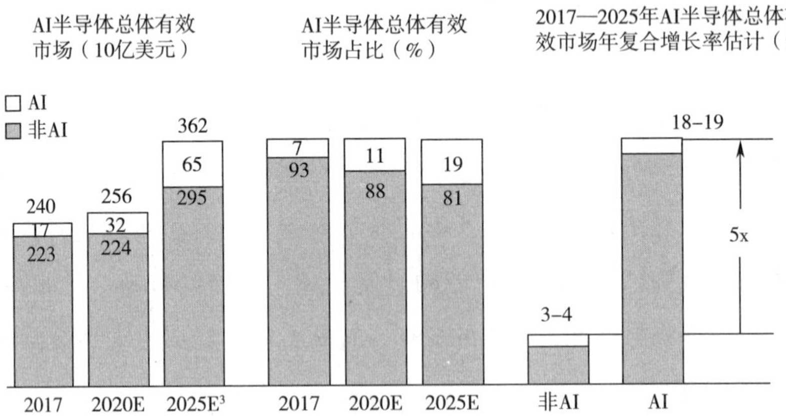

图 5.1　AI 相关半导体市场的增长预测

（资料来源：Mckinsey、Gartner）

2. 开源框架

人工智能开源框架对金融产品的智能化运用起决定性作用，主要依托于基础层的运算平台和数据资源，以及计算智能、感知智能和认知智能的技术应用。由于 AI 应用程序正在不断改变商业模式，传统技术应用程序的范围将通过推荐系统、虚拟助手、聊天机器人和 AI 管理的营销平台扩展到多渠道的世界。这使金融公司可以将时间和资源集中在确定新机会和新客户以及不同的市场渠道上。这一领域的翘楚如谷歌的 TensorFlow 平台，它支持 Google 的核心产品如 Google Translate，并且与多个计算加速器兼容，可以应用于金融建模进行各项模拟测算，也可以搭建机器人为金融公司客户提供各项服务。

3. 应用领域

国外智能金融在一些应用场景成熟度较高。通过授予人工智能对大量数据的访问权限，从历史事件中收集数据以作为将来决策的指南。到目前为止，AI 已经通过自动交易和投资机会发掘、交易策略、机器人顾问、语音智能、客户行为分析以及用于身份验证、欺诈检测、客户服务的聊天机器人进入了金融服务领域。

人工智能技术还可以应用在金融合规、反洗钱、反腐败等方面。Refinitiv 的一项针对 19 个国家 2300 多名高级管理人员的调查显示，尽管受访者在调查前一年中平均花费了年营业额的 3.1% 来预防金融犯罪，但 47% 的受访者在同一时期成为腐败的受害者。AI 和机器学习可以通过高效、一致和科学的决策来帮助确保合规性。当合规团队面对大海捞针的情况时，智能合规会在大量可用数据中查明风险。例如，机器可以帮助识别实体及其与内容主题的相关性，以减少误报；智能标记可以构造内容，以便可以处理数百万个文本文档。AI 可以帮助实现完全的合规性，最大程度地减少停机时间并促进更快的决策制定，所有这些都可以改善整体客户体验，这是大多数金融服务公司的重点。

（二）数据基础

随着大数据、云计算基础设施和技术的日益完善，数据挖掘、机器学习和 AI 等技术兴起，市场将越来越多地通过分析传统的“旧”数据来源（如企业季度盈利、低频宏观经济数据等），产生经过人工智能分析和处理的替代数据集供给投资者采用。新数据集的优势是能够揭示未包含在其中的新信息的资料载体来源，或在更早的时间揭露相同的信息，供投资者使用。最终，传统的、非标准化的、零散的“旧”数据集将不断丢失，捕捉“大数据”的预测值和新数据集将不断标准化、规模化，构建起“大数据生态系统”，形成智能金融产业数据标准化和规范化的进程。一旦确定并获取了新数据集，就需要进行回测，并由 AI 进行自我学习，不断纠正和完善数据集的获取和应用模型。

表 5.1　　大数据的数据来源分类

数据类型	数据来源	数据内容
个人活动数据	社交媒体	投资类社交媒体、社交网络人气、博客、图片和视频
	新闻和评论	移动数据内容、评论、新闻敏感性
	网络搜索及个人数据	电子邮件、购买收据、网络搜索趋势
商业流程数据	交易数据	电子商务及在线交易、信用卡记录、订单和流数据、另类信用数据、其他商业交易
	企业数据	部门数据（食品、能源/公用事业、金融、医疗、工业、科技、材料、房地产）、文本分析、宏观经济数据、会计数据
	政府机构数据	联邦和区域数据、政府赞助企业数据
传感器数据	卫星	农业卫星图像、海事卫星图像、用于金属和采矿的卫星图像、公司停车卫星图像、能源卫星影像
	地理位置	—
	其他传感器	—
基础解决方案	数据转换、Hadoop 和 Spark 框架、数据分析基础设施	—

资料来源：摩根大通。

二、国外智能金融应用

（一）国外贷款业务中智能金融应用

国外贷款业务中智能金融主要用于评估信用、简化流程、提升效率、改善客户体验和精准营销等方面。以美国为例，贷款在美国是一个万亿美元的市场，任何能够使公司所持有的贷款回报率或其市场份额提高的技术，都会带来巨额的收益。

1. 如何使用人工智能来确定信誉，特别是对于缺少征信记录的人，如贫困人群等弱势群体。大多数贷款的价值主要取决于个人或企业偿还的可能性，因此确定个人违约的可能性对整个行业至关重要。个人和企业的行为往往存在自利性，即使通过询问、调查获得的信息也可能存在误差；对于缺少信用记录的客户，信誉的评估就显得更为困难。

Lenddo 利用机器学习和替代数据来源的革新实现了追踪申请人在数字世界的行为痕迹，利用社交媒体，通过海量数据刻画缺少信用的人群画像。美国信用评估公司 FICO 和三大征信机构[①]之一的益百利（Experian）都宣布与 Lenddo 合作。

ZestFinance 是另一家使用机器学习来处理替代数据的公司，以获取所谓的“瘦文件借款人”（即没有信用记录或信用记录很少的人）的信息，为银行和放贷机构提供了使用数据源进行承销的工具。ZestFinance 获得了百度战略投资，将使用百度搜索数据来开发个人的信用评分，帮助贷方确定百度用户的信誉度。

---

① 美国征信体系分为机构征信和个人征信，其中机构征信又分为资本市场信用和普通企业信用。资本市场三大信用机构有标普、穆迪、惠誉等，普通企业信用机构包括邓白氏等。而个人征信体系中，三大征信机构包括益百利、艾可菲、环联等。资料来源：百度知道，https：//zhidao. baidu. com/question/146838005. html。

2. 如何使用人工智能简化贷款流程，提升贷款业务的效率。Upstart 是使用 AI 来确定信誉和简化贷款流程的最受瞩目的新兴公司之一，它是一家混合贷方，直接提供一些贷款，并为其他贷方提供便利贷款。Upstart 使用现代数据科学，除了传统的 FICO 分数和信用年限外，Upstart 还考虑了教育、SAT 分数、GPA、学习领域和工作经历，通过机器学习来预测个人的信用度，以实现自动化贷款流程。截至 2017 年 9 月，其自动化程度已达到 40%。

3. 如何使用人工智能改善借款人的客户体验。传统的贷款业务形式较为单一，流程较为呆板，为了改善客户体验，大型银行开始采用通用的 AI 驱动工具，例如聊天机器人、客户关系管理工具和广告分析等。

亚马逊借助在 AI 领域的丰富积淀，衍生出小企业贷款中介的业务职能。借助亚马逊在线零售业务中的巨量专有信息，利用机器学习，亚马逊能够找到可以贷款的公司，并使该应用程序容易操作。2018 年，亚马逊向利用其市场的小企业提供了约 10 亿美元的贷款。

4. 如何在信用卡业务中应用人工智能。信用卡公司可以在多个业务领域中使用 AI，例如信用卡公司和金融机构可以使用 AI 软件来开展针对客户的营销活动。当前，AI 在信用卡领域的应用主要有以下几个方面：

（1）欺诈检测。在现有的欺诈检测工作流程中实施 AI 预测分析，以减少误报。这需要对大量银行数据进行预测分析算法的培训。例如万事达卡（MasterCard）的欺诈检测解决方案 Decision Intelligence，通过分析在线购物、地理位置、购物时间戳、商户身份等数据，对交易的欺诈可能性进行评分。它会拒绝低于客户信用卡公司所选阈值（例如 90% 的欺诈可能性）的交易，同时会将客户划分为几类具有相似欺诈可能性的群体。

（2）旅行聊天机器人。向客户提供在自然语言处理（NLP）上运行的聊天机器人，以帮助解决客户旅行时的金融需求。例如，Visa Canada 与 Finn AI 合作，增强了 Visa 聊天机器人的自然语言处理算法。这款聊天机器人可让客户查询最近的 ATM 的位置以及不同国家/地区的汇率等，客户旅行前可以询问如何准备他们的银行账户和信用卡。

（3）卡关联营销。使用人口统计数据和信用卡购买历史记录，以数字方式向客户提供针对性的促销和交易。例如，AI 供应商 Cardlytics 向金融行业销售与卡相关的营销软件。据悉，美国银行成为 Cardlytics 的客户，该公司使用了大约 70% 的美国家庭的支出数据。

（二）国外证券投资业智能金融应用

1. 智能投顾

美国金融业监管局（FINRA）指出，智能投顾提供的服务应该包括下列投资管理价值链中的一项或多项：客户分析、大类资产配置、投资组合选择、交易执行、投资组合再平衡、税收规划以及投资组合分析。根据 Statista 的数据，全球智能投顾管理资产在 2019 年将达到 9805.41 亿美元，用户数量达到 4577.39 万人。预计 2019—2023 年资产规模的复合增长率为 27.0%，2023 年总金额为 2.55 万亿美元，用户数量将达到 1.47 亿人。

智能投顾通常采用“人工智能 + 云计算”的体系结构，在计算设备和软件开发方面投资巨大，能够同时服务千万、亿级别的海量用户。国外一些相关公司如 Bridge Water、Wealthfront 等已实现了智能投顾系统开发和商业化运营。

以新兴智能投顾平台的代表 Betterment 为例，该平台利用差异化定位挖掘长尾市场，其于 2017 年推出人机结合的理财服务——“Betterment Plus”门槛为 10 万美元，费用为 0.4%，投资者每年可与专业理财顾问进行一次电话咨询；Betterment Premium 门槛为 25 万美元，服务费为 0.5%，投资者随时可获得专业理财顾问的电话咨询服务。

嘉信理财（Charles Schwab）于 2017 年 3 月推出“Schwab Intelligent Advisory”人机结合新业务，投资者可以随时通过电话或视频会议获得理财顾问的专业建议，并获得由智能投顾的算法模型给出的基于 ETF 的投资组合建议。

2. 智能投研

智能投研技术难度更高，更注重对市场信息的深层次挖掘和对市场数据的深度学习，智能投研的研究成果可以成为其自身进行投资决策的关键。其发展态势初露雏形，还未成规模。

国外金融大数据公司如 Palantir Metropolis 通过整合多源数据，将不相干的多个信息置于一个统一的定量分析环境中，构建动态知识图谱；还有公司如 Visible Alpha 通过设立专有的新数据集和工具套件以增强机构投资者对公司未来基本面的量化见解能力；也有公司如 Dataminr 收集社交平台等公共来源上的实时数据，并转化为可付诸行动的信号。

摩根大通的智能投研技术行业领先，其开发的智能投研模型回避了传统定价方式的缺陷，据悉可能将某些衍生品的套期成本削减多达 80%。投研模型使用机器学习将日期与交易决策联系起来，探索不同于之前硬编码算法适用规则的下一代编程，允许机器学习从原始数据中独立发现高性能交易策略。该模型从各类数据来源获取了约 1250 个原始输入特征，例如美国国债的每日收盘价、美联储会议的日期和国际利率等，以 2000 年至 2016 年的数据为基础，旨在确定是否可以将其应用于 2017 年的当代贸易时机和规模。该模型运用了“随机森林”（Random Forest）回归，在测试了各种机器学习方法之后，创建互连的决策树集合的技术成为最有效的技术。回归结果如图 5.2 所示，第三条和第六条表示通过常规方法简单地购买债券的收益，代表控制变量，第一条和第四条表明卖空的收益，第二条和第五条表明买入和卖出相当的收益。

KENSHO 是一家美国金融数据分析服务提供商，通过自然语言搜索建立了 Warren Buffett 算法，可以遍历数百万个市场数据点，以找到关联和套利机会；其开发的产品 Warren 以可视化图形等为金融投资者提供数据分

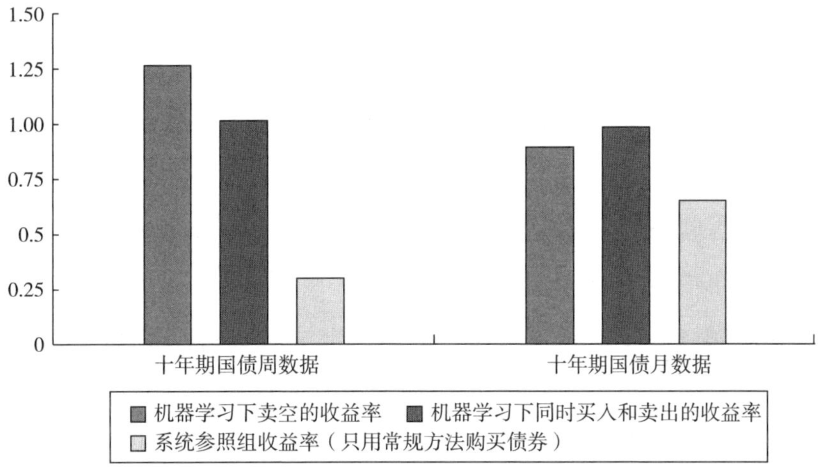

图 5.2　随机森林模型对美国十年期国债周数据和月数据的预测表现

（资料来源：摩根大通）

析，用户可以用简单的英语提问，例如“当 Netflix 超出盈利预期，Amazon 明天表现将如何?”“Apple 发布新产品前后的股票交易如何?”等复杂的投资问题。该工具主要针对华尔街投资分析市场，利用大数据和机器学习，将数据、信息、决策进行智能整合，并实现数据之间的智能化关联，从而预测事件对资产未来价格走势的影响。

3. 智能交易

纽约一家人工智能公司 Sigmoidal 利用统计模型和人工智能算法做出高速决策和交易。股票经纪公司的员工将指定买卖的订单，与交易系统集成的平台以最有效的方式提示用户执行该交易，并尽可能减小股票价格波动的影响。

另一家公司 Trade Ideas 提供全权委托股票交易，其主要产品为虚拟人工智能交易助手 Holly，能够同时测试数十种不同的投资算法，从而向交易员和股票经纪人提示交易策略。该助手不需要交易员大量投入，用户也可以授予其自动交易权限，无需任何干预。

（三）国外保险业智能金融应用

国外保险业利用语音交互、生物识别、图像识别等人工智能技术，在智能理赔、智能客服、产品比对、客户信息跟踪等方面取得进展。

1. 美国

美国的保险市场全球规模最大，其在产品的创新、管理方式和监管模式方面都有可借鉴之处。

在财险领域，美国有多家公司应用智能金融进行产品创业和业务拓展。互联网财险公司 Lemonade 提供智能家财险服务，包括租客险和屋主险。该公司推出名为 Maya 和 Jack 的智能客服，Maya 负责售前咨询，Jack 负责理赔处理。

保险科技公司 CCC Information Services Inc. （CCCIS）整合车联网、损伤科学等技术，推出了首款智能人伤解决方案，提供人伤管理服务。数据分析商 Verisk 通过收集驾驶数据，能生成如关于驾驶行为的细致化、本地化见解，支持潜在客户引导、基于使用的保险（UBI）计划，以及汽车保险公司的索赔申请。Verisk 数据交换系统能帮助个人和商业领域保险公司实现更准确的评级，主动减损服务以及更快的首次通知损失。

在寿险领域，寿险公司 John Hancock 宣布停止传统人寿保险业务模式，所有人寿保险都将通过追踪为保单持有人定制的 Fitbit 智能健身手环来提供服务。通过智能手环的记录，该寿险公司可了解投保人的运动水平及健康状态，以此奖励更健康、更长寿的客户。

2. 欧洲

作为保险的发源地，英国保险市场是世界第四大非寿险市场，是全球第三大非寿险再保险市场。历史悠久而高度竞争的英国保险业，也在积极迎接智能金融的潮流。

英国律师事务所 BLM 为保险业推出基于人工智能技术的七种工具。其中旗舰工具 Foresight 能权衡案件双方的证据强度，预测索赔中的错误；

Searchlight 为保险公司和企业客户提供索赔支出、准备金、事故原因、位置和伤害分析相关的实时数据；Realtime 提供对案例数据、财务信息和法律文件的实时访问。

英国保险公司 Setoo 宣布与欧洲领先的出行平台 Omio 合作，将使出行平台能够根据个人消费者的喜好轻松创建、分销和测试个性化且透明的保险产品，同时通过销售更具吸引力和针对千禧一代的产品来产生额外的收入。利用参数保险，Setoo 的平台可以自动响应预先设定的触发机制进行理赔，例如航班延误、暴风雨天气或列车晚点。这使得客户不必进行主动索赔，为客户减少了不必要的麻烦。

德国是世界上再保险实力最雄厚的国家之一，保费总量位居世界前列。德国安联保险集团依靠人工智能技术和自身业务管理能力，通过应用程序 Go – live photo App 实现一键式索赔，通过人工智能的自我学习建立预测模型，提高索赔效率；通过全天候在线，实现对大量客户的追踪，为客户提供最有效的解决方案和附加奖励券。

3. 亚洲

在日本，国民保险意识非常强，保险市场十分完善。日本富国生命保险公司使用了 IBM 的 Watson Explorer 人工智能系统，可以自动搜索数据完成数据计算任务，帮助公司员工更加快速地处理理赔事件。

新加坡 CXA 集团 2019 年在越南开设技术中心，将专于增强型保险和健康平台在机器学习、产品和开发领域的主要能力，完善生态系统。该平台允许企业为员工提供一站式保险、健康以及医疗产品和服务，这些产品能根据个人的健康数据进行个性化调整。

三、国外智能金融发展中的不足

一是技术缺陷有待解决。人工智能技术仍面临可解释性差、连续决策难等技术问题。单纯靠回归方法无法判定因果关系，回归的结果只能够证伪，而不能够证实。人工智能中的深度学习运用了逻辑回归和随机森林等复杂回归算法，其核心本质仍然不变。前文提及的美国 KENSHO 智能投研产品 Warren，其已经具备基础问答能力，但还不能够分辨数据的因果逻辑。现阶段的 Warren 更像一个数据收集、图形化呈现的工具，并不能任意提供分析师决策。

同时，当前的技术水平仍然只能够满足单向定制，云平台和云资源的搭建仍在进程中，自我拓展功能边界和多任务处理仍在研发中。谷歌大脑负责人 Jeff Dean 谈及人工智能应用目前所处的阶段时说："目前，我们构建的机器学习系统往往只会完成单个或者非常少量的特定任务（有些任务相当困难，比如语言翻译）。我认为我们真的需要设计出能够解决数千或者数百万任务的单个机器学习系统，并且让它们能从解决任务的过程中吸取经验，以学习自动解决新任务，系统能根据不同任务少量激活其他模型。要做到这一点还存在很多挑战。"

二是产业应用尚不成熟。国外智能金融对技术的热衷与商业现实不匹配，产业的成熟度曲线尚未达到峰值，在产品生产、上线和维护环节成本较大。同时，不考虑研发投入，人工智能对于工作效率的提升和业务成本的降低毋庸置疑，但投入后还无法评估其效益。前文提及机器学习可以准确地利用个人的数字足迹（购买历史、应用程序使用、搜索历史、社交媒体活动等）来确定其信誉度，这并不一定意味着机器学习系统总会比传统的信用衡量方法产生更好的结果。

四、国外智能金融对我国的借鉴

（一）注重智能金融基础建设

智能金融深度融合了人工智能和金融行业的特点，具有明显的多层次性，表现为在底层硬件、通用 AI 技术及平台、应用领域三个层级，不同类型的企业各有侧重，同时在科技和金融方面产生交互，在业务拓展和融合中促进体系完善和行业发展。

国外智能金融相关的底层硬件发展较好，掌握了智能金融相关硬件技术，包括人工智能计算依赖的 CPU（中央处理器）、GPU（图形处理器）等芯片、数据存储器件。全球底层硬件的开发商主要有英特尔、英伟达、AMD、ARM 和高通，在美国前十大芯片制造商中，有 4 家 GPU 厂商。

在这些底层硬件的基础上，搭建的云计算服务平台架构也较为先进。国外的人工智能算法框架形成了良好的生态圈，衍生出专用于该算法框架的芯片。谷歌 TensorFlow、亚马逊 AWS、微软 Azure 是主流的 AI 技术和云计算平台，为更多企业提供了开发平台和应用接口，使得更多企业可以轻型化进行研发。

我国智能金融相关的底层硬件开发、算法框架搭建起步较晚，当前硬件仍需依靠进口关键器件和收购，容易受关税、贸易审查等非技术因素影响。我国应借鉴国外在底层硬件、通用平台的先进经验，优化体系结构。尤其是 AI 硬件方面需要加紧投入和研发，打破国外的芯片垄断，提升在智能金融领域的核心竞争力。目前我国在超级计算机方面整体实力已经与美国相当，在应用创新方面走在前列，需要更强的硬件研发和基础建设能力与之相适应。

（二）注重数据的管理和整合

国外替代数据提供商的市场相当分散，随着大数据市场的成熟和智能金融的发展，数据供应商将一定程度地整合为数据聚合商，如 Eagle Alpha。这一发展过程中也出现了如 IBM Big Insights 和 SAP 韩亚金融产品等的数据中介服务，它们通过合适的渠道收集分散在各处的数据，为金融机构提供数据中介服务，促进了智能金融的发展。

机器学习必须要有足够数据来训练。我国数据资源丰富，庞大的数据资源优势是中国 AI 发展的优势之一。牛津大学 2018 年的一份报告通过计算得出，中国数据指数为 20，美国数据指数为 5.5。这得益于近十五年来中国互联网行业的迅速崛起，电商、社交平台、互联网金融等商业模式的兴起积累了海量数据。但数据整合仍显不足，需要构建合适的数据整合机制。

（三）注重基础研究和人才储备

国外在基础研究领域和人才储备方面的经验值得学习。基础研究决定了一国智能金融领域的上限，目前美国占据主导地位。以中美学术领域为例，截至 2018 年 10 月，中美人工智能期刊论文年度发表量差距不大。从论文质量来看，美国在引用量 1000 次及以上的论文数量占据主导，而中国自 2011 年之后，中国零引用量论文数量大幅度超过美国，许多论文并没有产生影响力，贡献较低。在基础研究追赶路径上中国仍需要不断努力。

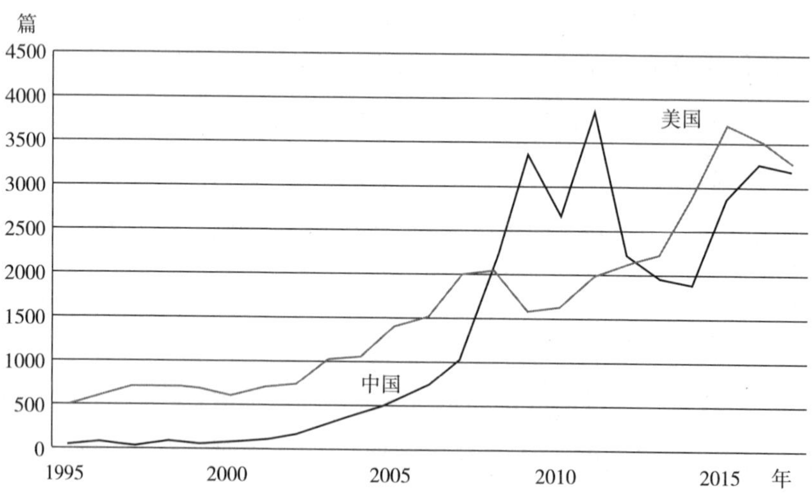

图 5.3　中美人工智能期刊论文年度发表数量对比

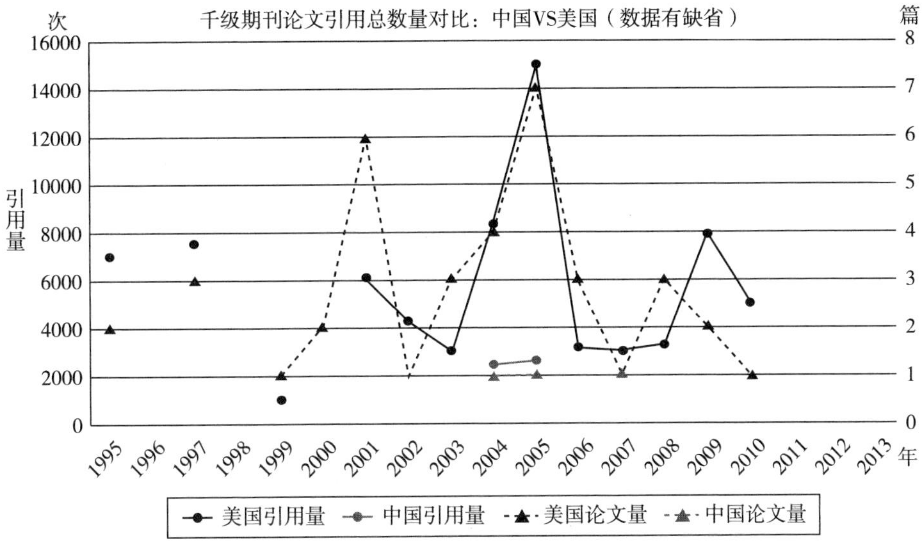

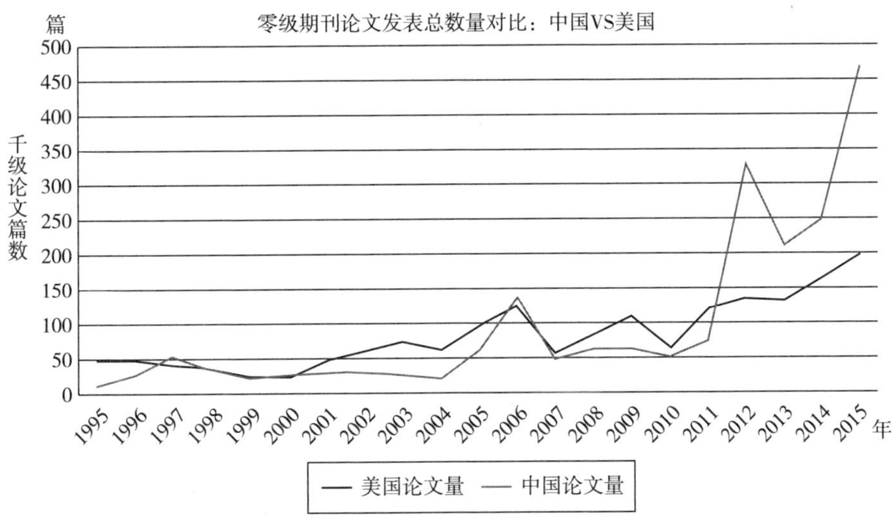

图 5.4　中美千级期刊论文引用总数量和零级期刊论文发表总数量对比①

（资料来源：《中国人工智能指数报告》）

① 千级论文是指每一篇论文被引用的数量超过 1000 次；零级论文指论文发表后截至 2018 年 10 月引用量为零。

同时，人才是智能金融发挥作用的关键。根据 element. ai 发布的《2019 年全球 AI 人才报告》，美国和中国拥有世界最多的 AI 人才。国外智能金融领域巨头公司如摩根大通、高盛都聘请了人工智能领域最权威的专家负责研发。技术的推广与员工培训也十分重要，在亚马逊、甲骨文等服务提供商的网站，有大量员工培训的资源，为采购方提供系统的培训和技能认证，帮助企业降低转型和升级带来的人力成本。

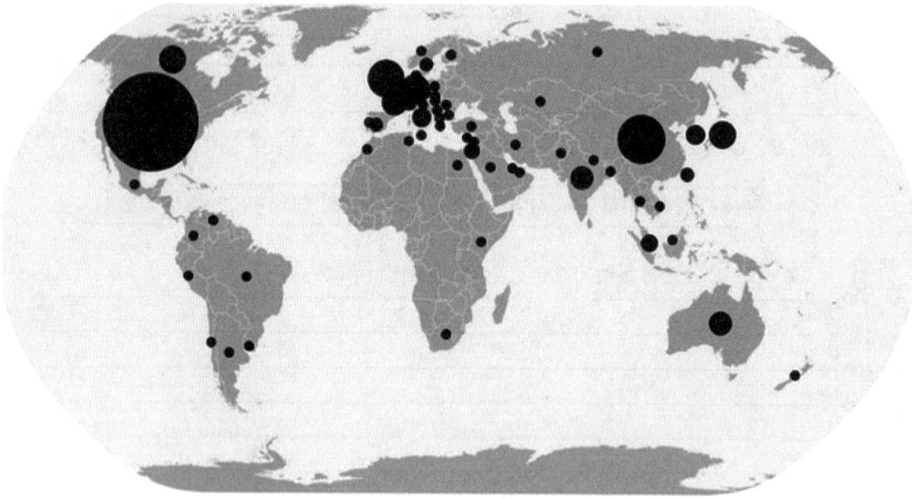

图 5. 5　全球 AI 人才分布情况

（资料来源：element. ai）

我国需要在人工智能基础研究上加大投入，并加强复合型人才的引进和培养。在未来智能金融转型过程中，大量员工需要通过培训和认证来接受和掌握智能金融要领，这对中国智能金融技术平台的研发公司提出了新的要求和挑战。

（上海新金融研究院研究助理祝修业）

第六部分　建议篇

一、关于人工智能技术发展的建议

（一）加强基础研究

政府部门加大人工智能技术关键领域基础性研发的支持力度，重点突破人工智能在细分行业基础理论、核心算法及关键设备方面的瓶颈。深入开展可解释性、稀疏样本学习、可连续决策、保护数据隐私、无偏见的人工智能基础算法研究。

（二）加强治理体系建设

协调多方形成联合治理，防范道德伦理风险。政府制定规则标准，科技企业保障技术安全可控，金融机构增加产品应用透明度，消费者参与规则制定。尤其要注意预防人工智能算法的偏见和歧视，加强算法公平性、公益性、公正性、公开性的研究。

（三）保障技术安全

建立人工智能安全标准体系、搭建人工智能安全评测公共服务平台，围绕算法、框架、系统等方面，在设计、建模、测试、部署、应用、监测、风险等多个方面形成人工智能应用全周期的安全防护机制。

二、关于智能金融发展规划与基础设施的建议

（一）制定智能金融发展规划及行动计划

出台我国智能金融发展规划与指导意见，主要包括智能金融发展的总体规划、发展目标、重点任务、资源配置、安全保障、标准体系等。其中安全保障部分应充分考虑智能金融应用的测试评估、应急处置、压力测试、监管介入原则等要求。同时，制定并着手实施智能金融三年行动计

划，细化阶段性重点和行动步骤，把长期规划与当前工作紧密结合起来，分阶段评估改进。发展智能金融，基础研究要热，应用要稳，业务创新要实，风险投资要审慎。

（二）建设智能金融开放创新平台

积极推动智能金融产学研结合，加强协同创新，突破金融领域人工智能关键技术和共性技术，开展智能金融应用探索和科技成果转化。利用平台开放服务的特点，弥补中小金融机构在人才和技术积累上的不足，降低智能化的门槛。利用平台的孵化和众创环境，探索金融产品和服务模式创新。通过金融机构与科技企业在平台上的联动与合作，促进金融机构与科技企业的优势互补，形成布局合理、包容开放的发展格局。

（三）统筹建立金融云

考虑到金融行业对数据安全要求的特殊性，各金融机构用公有云不合适，但都建私有云又加剧数据孤岛效应。建议由“一行两会”牵头，统筹建立金融行业专有云。按照“统一规则，分步实施，小步快跑”的原则，各金融机构从外围数据、非核心业务到核心业务与数据，逐步上金融云，构建金融行业办公、研发测试、生产、托管、应用云平台，各金融机构原有系统作为灾备。目前建设专有云技术上可行，既有利于加快金融机构内部数据整合，提高数据质量，促进智能金融发展，更有利于提升智能金融监管能力。

（四）加强配套基础设施建设

加强智能金融的硬件平台建设，支持智能金融硬件核心企业和相关产业快速发展，加快扶持培育一批自主创新能力强、发展潜力大的智能金融核心硬件企业。加强智能金融的软件平台建设，推动智能金融算法框架自主发展，鼓励金融机构在探索智能金融应用时，优先使用我国拥有自主知识产权的算法框架。加强智能金融的数据共享机制建设，支持合规的数据聚合商建设，鼓励大型智能金融公司分享开放数据，鼓励竞争，维护市场公平环境。

三、关于智能金融监管的建议

（一）加强法律法规建设

出台智能金融隐私保护、数据安全、责任主体认定、投资者保护及道德伦理方面的规范性文件，条件成熟时逐步上升为法律法规。

（二）创新监管模式

在监管机构内部可设立专门的部门，建立智能金融监管长效机制。运用监管沙盒等机制有效管理金融创新风险，并根据技术、市场变化等因素，及时进行评估、反馈和调整。

（三）大力发展监管科技

综合运用人工智能、大数据、云计算等新一代数字技术，增强数据治理和分析能力，实现监管数据实时采集，风险智能化分析，构建智能金融事前、事中、事后全链条监管模式。增强事前预判风险的能力，强调智能金融应用的特殊披露信息，包括算法模型及使用第三方数据情况。构建事中监管评价的指标体系，开展智能金融风险评级。

（四）加强消费者保护

强化金融机构“卖者有责”义务，维护消费者知情权，防止消费者受到误导或欺诈。强化经营者的取证责任，明确电子证据提供义务、效力、留存年限、留存范围，尝试举证责任倒置。构建知情权、更正权、使用权等个人信息权体系，规范智能金融经营者获取数据的途径和方式。加强金融消费者教育，引导消费者理性认识和使用智能金融产品和服务。

（中证金融研究院邵宇，中证金融研究院石锦建，中国证监会博士后工作站罗荣亚，中国金融四十人论坛张佳佳）

附　录

一、中国人工智能政策概览

（一）习近平关于人工智能的重要论述

2016－09－03

习近平在二十国集团工商峰会开幕式上的主旨演讲

人工智能、虚拟现实等新技术日新月异，虚拟经济与实体经济的结合，将给人们的生产方式和生活方式带来革命性变化。

2016－10－09

习近平在主持中共中央政治局第三十六次集体学习时的讲话

世界经济加速向以网络信息技术产业为重要内容的经济活动转变。我们要把握这一历史契机，以信息化培育新动能，用新动能推动新发展。要加大投入，加强信息基础设施建设，推动互联网和实体经济深度融合，加快传统产业数字化、智能化，做大做强数字经济，拓展经济发展新空间。

2017－05－14

习近平在“一带一路”国际合作高峰论坛开幕式上的演讲

我们要坚持创新驱动发展，加强在数字经济、人工智能、纳米技术、量子计算机等前沿领域合作，推动大数据、云计算、智慧城市建设，连接成21世纪的数字丝绸之路。

2017－10－18

习近平在中国共产党第十九次全国代表大会上的报告

建设现代化经济体系，必须把发展经济的着力点放在实体经济上，把提高供给体系质量作为主攻方向，显著增强我国经济质量优势。加快建设制造强国，加快发展先进制造业，推动互联网、大数据、人工智能和实体经济深度融合，在中高端消费、创新引领、绿色低碳、共享经济、现代供应链、人力资本服务等领域培育新增长点、形成新动能。

2017－11－10

习近平在亚太经合组织工商领导人峰会上的讲话

我们将推动互联网、大数据、人工智能和实体经济深入融合，在数字经济、共享经济、清洁能源等领域培育新的增长动能。

2017 - 12 - 08

习近平在中共中央政治局就实施国家大数据战略进行第二次集体学习时的讲话

我们要坚持以供给侧结构性改革为主线，加快发展数字经济，推动实体经济和数字经济融合发展，推动互联网、大数据、人工智能同实体经济深度融合，继续做好信息化和工业化深度融合这篇大文章，推动制造业加速向数字化、网络化、智能化发展。

2018 - 04 - 20

习近平在全国网络安全和信息化工作会议上的讲话

要推动互联网、大数据、人工智能和实体经济深度融合，加快制造业、农业、服务业数字化、网络化、智能化。

2018 - 05 - 28

习近平在中国科学院第十九次院士大会、中国工程院第十四次院士大会上的讲话

要推进互联网、大数据、人工智能同实体经济深度融合，做大做强数字经济。要以智能制造为主攻方向推动产业技术变革和优化升级，推动制造业产业模式和企业形态根本性转变，以“鼎新”带动“革故”，以增量带动存量，促进我国产业迈向全球价值链中高端。

2018 - 07 - 25

习近平在金砖国家工商论坛上的讲话

人工智能、大数据、量子信息、生物技术等新一轮科技革命和产业变革正在积聚力量，催生大量新产业、新业态、新模式，给全球发展和人类生产生活带来翻天覆地的变化。我们要抓住这个重大机遇，推动新兴市场国家和发展中国家实现跨越式发展。

2018 - 09 - 17

习近平致 2018 世界人工智能大会的贺信

新一代人工智能正在全球范围内蓬勃兴起，为经济社会发展注入了新动能，正在深刻改变人们的生产生活方式。

2018 - 10 - 31

习近平在中共中央政治局就人工智能发展现状和趋势举行第九次集体学习时的讲话

人工智能是新一轮科技革命和产业变革的重要驱动力量，加快发展新一代人工智能是事关我国能否抓住新一轮科技革命和产业变革机遇的战略问题……人工智能是引领这一轮科技革命和产业变革的战略性技术，具有溢出带动性很强的“头雁”效应。

2019－03－19

习近平主持召开中央全面深化改革委员会第七次会议强调

促进人工智能和实体经济深度融合，要把握新一代人工智能发展的特点，坚持以市场需求为导向，以产业应用为目标，深化改革创新，优化制度环境，激发企业创新活力和内生动力，结合不同行业、不同区域特点，探索创新成果应用转化的路径和方法，构建数据驱动、人机协同、跨界融合、共创分享的智能经济形态。

2019－05－16

习近平致第三届世界智能大会的贺信

当前，由人工智能引领的新一轮科技革命和产业变革方兴未艾。在移动互联网、大数据、超级计算、传感网、脑科学等新理论新技术驱动下，人工智能呈现深度学习、跨界融合、人机协同、群智开放、自主操控等新特征，正在对经济发展、社会进步、全球治理等方面产生重大而深远的影响。中国高度重视创新发展，把新一代人工智能作为推动科技跨越发展、产业优化升级、生产力整体跃升的驱动力量，努力实现高质量发展。

2019－05－26

习近平致2019中国国际大数据产业博览会的贺信

当前，以互联网、大数据、人工智能为代表的新一代信息技术蓬勃发展，对各国经济发展、社会进步、人民生活带来重大而深远的影响。各国需要加强合作，深化交流，共同把握好数字化、网络化、智能化发展机遇，处理好大数据发展在法律、安全、政府治理等方面挑战。

（二）中国有关人工智能的重要政策法规汇编

发文时间	主要内容
2015年5月	**《国务院关于印发〈中国制造2025〉的通知》** 发展智能装备、智能产品和生产过程智能化。
2015年7月	**《国务院关于积极推进“互联网＋”行动的指导意见》** 提升终端产品智能化。
2015年8月	**《国务院关于印发促进大数据发展行动纲要的通知》** 要全面推进我国大数据发展和应用，加快建设数据强国。

发文时间	主要内容
2016 年 3 月	**《中华人民共和国国民经济和社会发展第十三个五年规划纲要》** 将人工智能写入“十三五”规划纲要。
2016 年 4 月	**《机器人产业发展规划 2016—2020 年》** 到 2020 年，自主品牌工业机器人年产量达到 10 万台，其中六轴及以上工业机器人达到 5 万台以上。
2016 年 5 月	**《“互联网 +”人工智能三年行动实施方案》** 到 2018 年，创建人工智能基础资源和创新平台。
2016 年 7 月	**《“十三五”国家技术创新规划》** 重点发展大数据驱动的类人工智能技术。
2016 年 9 月	**《智能硬件行业创新发展专项行动（2016—2018）》** 重点发展可穿戴设备、智能车载设备、智能医疗健康设备、智能服务机器人、工业级智能硬件设备等。
2017 年 3 月	**《“十三五”国家战略性新兴产业发展规划》** 新增“人工智能 2.0”，将人工智能上升为国家战略层面，首次被写入政府工作报告。
2017 年 7 月	**《国务院关于印发新一代人工智能发展规划的通知》** 对未来中国人工智能产业的发展方向和重点领域给予了指导性的规划，指出我国人工智能发展三步走战略目标：到 2020 年，总体技术和应用与世界先进水平同步成为新的重要经济增长点；到 2025 年，基础理论实现重大突破，部分技术与应用达到世界领先水平，成为带动我国产业升级和经济转型的主要动力；到 2030 年，理论、技术与应用总体达到世界领先水平，智能经济、智能社会取得明显成效。
2017 年 12 月	**《促进新一代人工智能产业发展三年行动计划（2018—2020）》** 对《新一代人工智能发展规划》相关任务落实和细化。以新一代人工智能技术产业化和集成应用为重点，推动人工智能与实体经济深度融合。

发文时间	主要内容
2019 年 8 月	**《国家新一代人工智能开放创新平台建设工作指引》** 进一步明确国家新一代人工智能开放创新平台的目的意义、建设原则、基本条件和主要任务，指导和推动国家新一代人工智能开放创新平台有序发展。

二、全球人工智能发展概况

全球人工智能市场产业规模急剧增长。根据 Gartner 报告，2018 年全球人工智能产生的商业价值达 1. 2 万亿美元，预计 2022 年将达 3. 9 万亿美元，2025 年将超过 5 万亿美元。

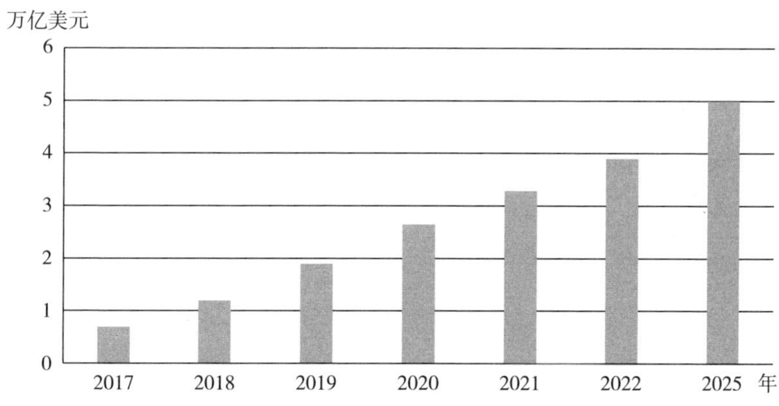

附图 1　全球人工智能市场历年产业规模情况

（资料来源：Gartner）

人工智能论文产出快速增长。目前，人工智能领域论文每年产出约 14 万篇、占全球论文总数的 6% 左右。1997—2016 年期间，全球众多国家与地区广泛参与到人工智能领域的基础性研究中。其中，中国与美国的论文产出位于全球的第一、第二位，累计分别为 36. 96 万篇和 32. 70 万篇。

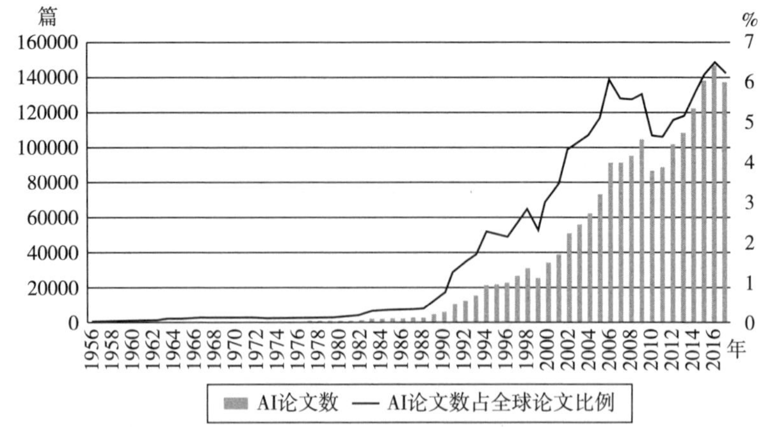

附图 2　全球人工智能论文历年产出情况

（资料来源：清华大学《中国人工智能发展报告（2018）》）

全球人工智能创业企业融资持续增长。截至 2018 年，全球人工智能创业企业累计融资 74.8 亿美元，其中，美国 3736 亿美元，中国 276.3 亿美元，英国 35.6 亿美元，分列前三。而金融领域的人工智能创业企业累计融资 56.8 亿美元，约占 7%。

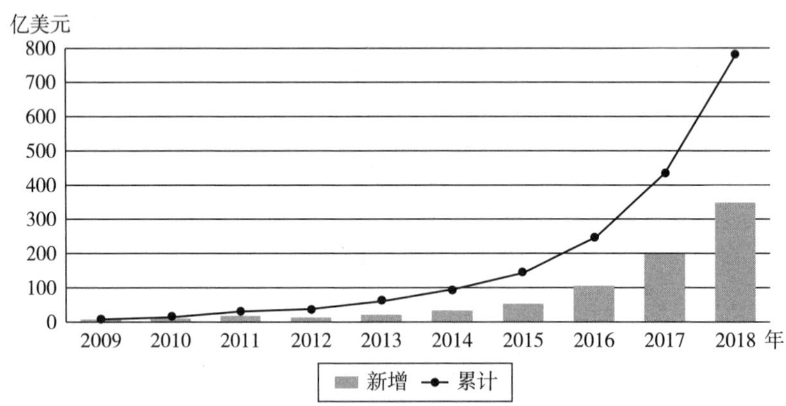

附图 3　全球人工智能创业企业历年融资情况

（资料来源：《乌镇全球人工智能发展报告（2018）》）

美国和中国人工智能企业总数领先全球。截至2018年6月，全球人工智能企业总数达4925家，其中美国人工智能企业总数2028家，位居全球第一，中国（不含港澳台地区）人工智能企业总数1011家，位列全球第二，其次为英国、加拿大、印度等。

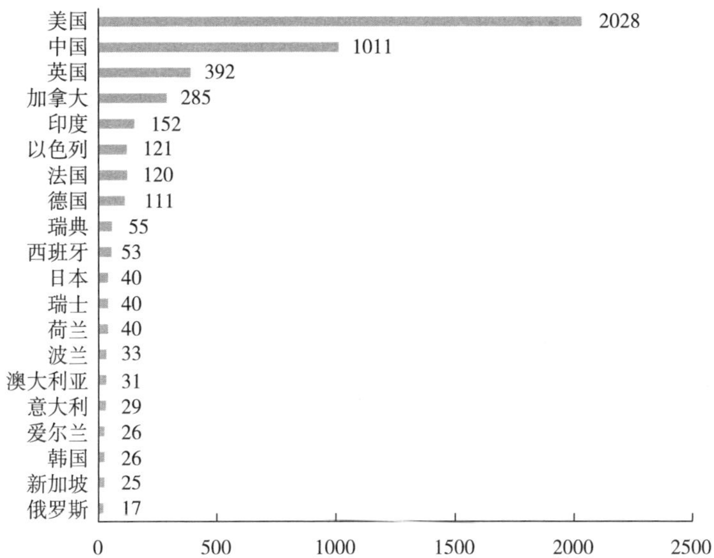

附图4　全球各国人工智能企业数量

（资料来源：清华大学：《中国人工智能发展报告（2018）》）

三、智能金融大事记汇编（2018—2019年）

2018年3月

俄罗斯制定发展人工智能的计划

俄罗斯国防部联合俄联邦教育与科学部、俄罗斯科学院，邀请国内外人工智能研究者和用户对全球人工智能发展进行研判，制定“俄罗斯人工智能发展计划”，这标志着这个军事大国开始正式加入到了国际人工智能主导权的竞争行列。

2018 年 4 月

中国建设银行推出全国首家“无人银行”

中国建设银行在上海揭幕中国首家无人银行，通过生物识别、语音识别、数据挖掘等技术，为客户提供全自助的便捷服务。

2018 年 5 月

欧盟全球数据保护条例（GDPR）正式启动

该条例是史上最严格的个人隐私保护条例，旨在提高个人数据使用的公平性和透明度，这对人工智能技术在个人数据方面的分析研究工作提出新挑战，提高了部分人工智能企业的成本。

2018 年 6 月

美国加州通过了《加州消费者隐私法案》

美国加州通过了《加州消费者隐私法案》（CCPA），于 2020 年 1 月生效。CCPA 规定，对于拥有 5 万名以上消费者信息的企业，消费者有权要求该企业披露其收集的信息类别和具体内容，有权要求企业删除所收集的个人信息。

2018 年 8 月

IBM 研究院展示恶意软件 DeepLocker

IBM 研究院展示了一种名为“DeepLocker”的恶意软件，人工智能可以绕过网络安全保护来进行攻击。

2018 年 9 月

美国发布《机器崛起：人工智能及对美国政策不断增长的影响》

美国众议院发布了《机器崛起：人工智能及对美国政策不断增长的影响》白皮书。美国众议院监督和政府改革小组委员会总结了关于人工智能监督和听证会的经验教训，分析了在人工智能应用方面面临的失业、隐私、偏见和恶意使用四个方面的挑战，并提出了针对性前瞻建议。

2018 年 9 月

商汤科技获 D 轮融资 10 亿美元

商汤科技 SenseTime 获得软银中国 10 亿美元 D 轮投资，后估值达 60 亿美元，不仅显示出其在人工智能领域巨大的发展潜力，更显示出商汤科技强大的吸金能力。目前商汤科技正专注于打造多领域的人工智能视觉引擎。

2018 年 9 月

中国证监会构建大数据平台，明确监管科技七大方向

中国证监会印发了《中国证监会监管科技总体建设方案》，系统绘制了中国证监会利用大数据、人工智能等新一代信息技术实现智能化监管的工程蓝图。

2018 年 10 月

联合国发布《发展 4.0：自动化和 AI 为亚洲可持续发展带来的机遇与挑战》

联合国开发计划署与经济学人智库（EIU）联合发布了《发展 4.0：自动化和 AI 为亚洲可持续发展带来的机遇与挑战》。该报告从亚太地区入手，阐述了人工智能技术革命对人类可持续发展目标进程可能产生的影响。

2018 年 9 月

中国智能视觉国家新一代人工智能开放创新平台正式亮相

智能视觉国家新一代人工智能开放创新平台正式亮相，将在科技部主导下依托商汤集团建设，这是继百度建设自动驾驶、阿里云建设城市大脑、腾讯公司建设医疗影像、科大讯飞建设智能语音之后的第五个人工智能开放创新平台。

2018 年 10 月

谷歌 AI 团队发布 BERT 模型

谷歌 AI 团队新发布了 BERT 模型，在机器阅读理解顶级水平测试 SQuAD1.1 中表现出惊人的成绩。BERT 模型成为近年来 NLP（自然语言处理）领域取得的最重大突破，开启了 NLP 的新时代。

2018 年 10 月

麻省理工学院新型 AI 技术融合语音和物体识别技术

麻省理工学院的研究人员已经创建了一个新的人工智能程序，它不仅能够同时识别图像和语音中的物体，而且还能积极地将两者结合起来，从而更有效地理解和利用两者。

2018 年 12 月

支付宝正式上线“蜻蜓”线下人脸支付产品

支付宝推出全新的刷脸支付产品“蜻蜓”，采用人工智能识别技术，并且结合了生物识别技术和图形图像技术，相比以往的收银硬件，成本降低了 80% 左右。

2019 年 2 月

特朗普签署行政命令启动“美国人工智能计划”

特朗普总统签署关于维持美国在人工智能领域领导地位的行政命令，旨在通过协调一致的联邦政府战略，即美国人工智能倡议，维持和加强美国在人工智能研发和部署方面的科学、技术和经济领导地位。这是美国政府首次国家层面的人工智能促进计划，国家层面的人工智能竞争将愈加激烈。

2019 年 3 月

2018 年图灵奖表彰三位深度学习专家

加拿大多伦多大学的 Geoffrey Hinton 和蒙特利尔大学的终身教授 YoshuaBengio 以及 Facebook 人工智能研究部门（FAIR）主管 Yann LeCun 共同被美国计算机协会（ACM）授予 2018 年图灵奖，以表彰他们在深度学习网络理论方面的基础奠定工作和工程方面的突破性工作。

2019 年 5 月

美国国会成立金融科技和人工智能特别工作小组

美国国会宣布，由众议院金融服务委员会针对金融科技和人工智能创立两个专门的工作小组。人工智能小组将主要研究人工智能在金融服务和监管中的应用、在数字身份识别和打击欺诈中的应用，以及金融自动化将如何影响金融服务和整体就业等问题。

2019 年 6 月

二十国集团（G20）贸易和数字经济部长会议发布《G20 人工智能原则》

会议公报中发布了《G20 人工智能原则》，包括两个部分：第一部分列出了“负责任地管理可信赖 AI 的原则”，第二部分则针对“实现可信赖 AI 的国家政策和国际合作”。

2019 年 8 月

世界人工智能大会在上海举办

2019 年世界人工智能大会以“智联世界无限可能”为主题，以“高端化、国际化、专业化、市场化、智能化”为特色，集聚全球智能领域最具影响力的科学家和企业家，以及相关政府的领导人，围绕智能领域的技术前沿、产业趋势和热点问题发表演讲和进行高端对话，打造世界顶尖的智能合作交流平台，成为业内广受赞许的专业性学术会议，打造具有国际水平和影响力的行业盛会。

2019 年 8 月

中国人民银行印发《金融科技（FinTech）发展规划（2019—2021）》，提出要加强金融科技战略部署，稳步应用人工智能

规划指出要深入把握新一代人工智能发展的特点，稳妥推动人工智能技术与金融业务深度融合，探索相对成熟的人工智能技术在资产管理、授信融资、客户服务、精准营销、身份识别、风险防控等领域的应用路径和方法，推动金融服务向主动化、个性化、智慧化发展。

2019 年 10 月

中国人民银行下发《个人金融信息（数据）保护试行办法》初稿

办法重点涉及完善征信机制体制建设，将对金融机构与第三方之间征信业务活动等进一步作出明确规定，加大对违规采集、使用个人征信信息的惩处力度。

2019 年 10 月

美国众议院农业委员会批准重新授权 CTFC 立法

立法包括授予 CFTC 两个新的权限，以促进其与金融科技公司的合作。一是将授权 CFTC 可以进行非标准采购交易，使 CFTC 能够与金融科技开发商进行项目合作。二是将授权 CFTC 可以接受以研究、开发和演示为目的的礼品，允许 CFTC 接受和使用软件，以增进其对发展中的金融技术的了解。

2019 年 12 月

北京试点金融科技监管沙箱

2019 年 12 月 5 日，中国人民银行官网发布消息称，支持在北京市率先开展金融科技创新监管试点。同日，北京市地方金融监督管理局发文称，在人民银行指导支持下，北京市在全国率先启动金融科技创新监管试点建设，探索构建中国版“监管沙箱”。

2020 年 1 月

美国白宫科技政策办公室（OSTP）发布一项关于人工智能的备忘录草案

白宫科技政策办公室提出了 10 项人工智能监管原则，敦促联邦监管机构放松对国内人工智能的监管，以消除阻碍私营部门人工智能创新和增长的障碍。白宫科技政策办公室指出，促进人工智能的增长和创新是美国政府的高级优先项。联邦机构在监管行为或非监管行为上，必须避免不必要的妨碍人工智能创新和增长的行为。在对人工智能采取任何监管行动之前进行风险评估和成本效益分析，重点是建立灵活的框架，而不是“一刀切”的监管。